基層心理からの比較と再考

日本の経済社会システムと儒学

谷口典子

はじめに

今、日本は、いや世界は、グローバル・スタンダードという欧米の市場主義的価値観に「矯正」されている。矯正というのは「正しい」ものに向けてなおしていくことである。それは「普遍的」に正しいとされるものによってなされる行為であるともいえる。各国はそれを受け入れることによって国境がなくなってきたと言われている。

日本でも一〇年以上前から構造改革が叫ばれてきた。しかし国家の制度を作っているのは国民であり、その精神である以上、制度だけの改革はかえって国民を混乱におとしいれ、国民の持っているアイデンティティーを喪失させてしまうことになる。それゆえ、これまでの価値観はズタズタになり、芯のない社会、制度に陥ってしまったといえる。

日本人の多くは、よりどころとすべき「宗教」といえるものを持っていない。生きる意味や生きる価値、いかに生きるべきかなどに関するこれまでの価値観は壊れたまま、不安定な心理状態だけが残されている。それが現在多くの自殺者を出している理由だとも言われている。

こわしてしまったものの中にも大切なもの、これからの解決の糸口となるものがあったかもしれない。慌しく「変革」への道を突き進んでしまった今だからこそ、失われた一〇年、二〇年を、そして先人達がつくり上げてきた経済や社会のシステムをじっくり振り返ってみる必要があるのではないだろうか。何を受け入れ、何を残すべきかを考えるためにも。

※　※

これまでご指導を頂いた間宏先生、堀江忠男先生、篠原三代平先生、富山和夫先生、末木文美士先生には心より感謝申し上げます。

出版にあたりましては大変お世話になりました時潮社社長の相良景行様に厚く御礼申し上げます。

そしていつもみまもりつづけてきてくれた亡き夫　谷口寛作に謹んでこの書を捧げます。

日本の経済社会システムと儒学／目次

目次

Ⅲ

目次

装幀　西川寛子

I

一、宗教と文化

1、「文化」をみつめることからの出発

(1) 砂漠の宗教と二分法

文化とはそれぞれの民族を民族たらしめているものであり、ある社会の人々が共通にもつ特徴的な生活様式であるともいえる。そうした民族の精神を培ってきたところの深層心理をたずねなければ、真に相手の文化を理解することはできない。そしてそうした価値観、即ち何を善しとし、何を悪しきとするかという善悪の規準は、宗教によって規定されているともいえる。

西欧の近代文化の特徴はキリスト教に負うところが大きく、それは究極者（神）のもつ性質によるものでもあった。砂漠の宗教ともいえるキリスト教では無生命の大地に神（唯一絶対の神）が世界を創造[1]、神が人を造るとともに、人に地球の生命あるものを治めさせた。そして地を従わせ、開拓（自然を文化に変容）させていった。開拓とは自然も動物も従え、利用することでもあった。それは人間中心主義（動植物界に対する人間の優越、世界は人間のために創られたとするもの）でもあり、西欧的価値観をつくっていった。

又、キリスト教における神の性質は理性（ロゴス）[2]であるととらえているために、倫理及び思考の働きが優位に立っており、宇宙は神によって創られたものであると同時に合目的なものであった。宗教改革を経て生まれ

た近代文明はこうした精神と理性とに導かれ、近代合理主義をかたちづくっていった。ここでは「理性」と「感性」は二分され、理性や精神は感性や肉体よりも優位であるという差別が生じてきた。

西洋近代思想のもととなったデカルト以来の近代的な二分法では「正統」対「異端」、「原則」対「現実」、「理性」対「感性」、「肉体」対「精神」、「普遍」対「特殊」、「自律」対「依存」、「個人」対「集団」などは対立概念となった。そしてそのどちらか一方（前者）が優位とされてきた。しかし「正統」対「異端」と分けた上で、「異端」の方を劣位とするならば、互いに「正統」を掲げたところの「正統」対「異端」の争いはとどまるところを知らなくなってしまう。又、「理性」対「感性」を人間にあてはめて、「理性」の方を優位としてきたところに今日的な経済問題や環境問題を含めた多くの問題が生じているともいえる。

「個人」対「集団（公）」にしても、「個人」が優位になり、行き過ぎた社会では、あまりにも「公」を欠いたものとなってしまうため、大きなマイナスをもつことになる。人間は「理性」だけではなく「感性」（こころ）によっても大きく動かされるし、「個人」だけではない「集団」（社会）の中で生きている存在でもある。孔子は決してどちらか一方というとらえ方をしなかった。十全たる人間（完全な人間）や十全たる社会には、そのいずれもが必要であるとした。「六芸」という言葉があるように、理性的なものも感性的なものも必要であると述べ（「知」も「情」も）、詩や音楽などの力を強調した。(3)

しかし今日では近代合理主義をつきつめていった結果、即ち個人の主体性を尊重するあまり、「心（感性）」及び「社会（集団や共同体）」などを劣位としてきたために、緊張と不安とを増幅した社会となり、多くの社会問題を孕んできたといえる。それを解消するためには今「信頼」や「連帯」、「共生」などの概念を必要としているのではないだろうか。

(2) 森の宗教と中庸の思想

東洋の世界観・自然観からは創造神、造化神は生じず、ものの成生は他者によるものではなく、自然の中から生じたものであり、したがってこれらの運命をつかさどっているものの存在もない。自然はそれをつくった神の存在を持たず、その意味での神は存在しない。したがって自然そのもの、自然のいとなみそのものが神性のやどったものであり、自然界の法則のようなものであった。これは後に儒学における天の思想にもなるのであるが、これは基本的には自然のうちに神的な要素も人間的な要素もふくまれているものであり、神・人・自然は内面的に結ばれているという汎神論的な自然観であった。

したがって、宇宙においてもそれは神のつくったものというよりは、所与のものとしてとらえられ、自然とは「自ずからそのようになっているもの」[4]のことであって、意識や努力という外からの手が加わることのないもののことをいった。

これらをもとにした東洋の思想、哲学、即ち東洋の「こころ」からは一方向のみを優位とし、他を抹殺しようとする思想は生まれない。この世にはすべて二つの力、二つの性質、二つの要素があり、その二つのものの力によってすべては成り、その相互作用とバランスの下に育まれ、営まれているとする。したがってこの世には単独で存在し得るものはあり得ず、一つの性質、一つの方向、一つの側面だけが正しいとするとらえかたは生じない。あらゆるものは「縁」と「関係」のもとに成り立っており、存在するものすべてに価値がある。それ故に「中庸の精神」こそが最も大切なものとなり、それを可能とさせる精神が「和」のこころだとされる。「中庸」とは互いに補完し合うものであり、調和の中に新しい価値観を見出そうとするものである。

キリスト教における「ことば」がものごとを分化し、細分化していく役をになったように、そしてそれが後の科学主義をもたらし、その方法を生み出すと同時に、本来不可分なもの、一体であるべきものをも分化し、それぞればらばらにしていったように、「ことば」のもつ機能は一つのものを二つに分け、対立的にとらえさせる力を持っている。これがキリスト教の「ことば」＝ロゴス＝分ける、という力となったのであるが、本来ありのままの自然界は一体不可分のものであり、無差別であるはずのものであるにもかかわらず、「ことば」は必ず事物を二つに分割し、対立的な概念を生み出すことになった。「真」といえば「偽」が対立物となってあらわれ、「善」といえば「悪」との関係において「善」があることになる。しかもことばには「伝えられる範囲」という枠があり、この枠内における事実、又は限定された事実しかとらえることはできない。

唯一絶対の神をもたない東洋においては、人も神も、天も地も、森羅万象あらゆるものが、調和的な宇宙の有機的な部分を構成しているとする。それぞれは自らの与えられた所において重要な社会の構成要員として、自己の利益を「中庸の精神」と「謙譲の態度」をもって抑制し、究極的には世界（宇宙）の調和に資すべきものとされてきた。人間間の調和は宇宙の調和と結びついたものであり、自然的秩序に従って平和に生活を維持することこそ最も望ましいものであった。

2、東洋思想としての「宇宙観」

(1) 東洋の智慧と平等

東洋の思想を形づくったとされる儒教、道教、仏教のいづれもが基本的にはこのような態度を持っている。そしてこれらに共通なものが「創造神」がいないということである。儒教における孔子は聖人であり、道教における自然とは「成った」又は「生じた」ものであり、仏教における仏陀も優れた人、「悟りをひらいた人」であって神ではない。

仏教においては特定の教義を持たず、仏陀自身も自分の悟りの内容の「形式化」を望まなかった。それは機縁に応じ、相手に応じて異なった説き方をする必要を感じていたからであり、それは孔子においても同じであった。弟子の性質により導き方が異なっていた。[5] 又、仏教では中道と和とは最高のものであり、儒学の中庸、和と通じるものを持っていた。それらは自然の営み、自然観よりくるところの無常観（すべてのものは移り変わるということと、それのみが絶対だということ）から生じてくるものであった。それは「有」にも「無」にもとらわれない「中」（空）の知恵、即ち自然体の知恵であった。

キリスト教では唯一絶対の神のことばが語られ、それがロゴス（理性）であり、絶対的な真実、ただ一つの正しさであった。しかし東洋の思想では仏教においてもその状況、相手の人間性（性質や能力）に応じて法（真理）

が説かれ（対機説法）、それに最もふさわしい方法がとられた。即ちそこには複数の真理が並立するのであった。唯一ということは「あれ」か「これ」かであり、これが正しいとなればあれは全く正しくないものとして除外され、ひたすら正しいとされることのみにつき進んでいくこととなる。ここに東洋のもつ「中道」の思想が必要となってくる。仏教での中道は儒学での中庸ともいえ、道（タオ）の世界においては「あるがまま」を生かすことである。

「中道」の思想とは全体をどう生かすかの思想であり、「両極」を生かし、共生する思想でもある。そのためにはその「状況」、その「場」に最も適した処理と、真実をそのまま受けとめる「無我」の精神と、自他「平等」の思想とが必要となってくる。キリスト教における「ことば・ロゴス」が理性のはたらきによって明示的に、はっきり分けていくという働きをもたらし、それを中心に「知」の発達と科学の発達とをうながしたのに対して、東洋における「悟」とは「差を取る」こと、即ち何ごとにつけ差別をなくすこと、分けることをなくすということであり、すべてを同じように理解できるということである。

東洋における悟りは、あらゆる対立の超越だといえ、対立というのは、ひとつの概念に心を集中させるという行為を通じて生み出されるものであった。生と死、善と悪、楽と苦などはべつべつのカテゴリーに属する絶対的な体験ではなく、これらは同じ世界のふたつの側面にすぎない。対立は本来両極的であり、同一現象の異なった側面にすぎないという考え方からは、その拮抗がどちらか一方の全面的勝利に終わることはない。

(2) 日本文化の基層

日本においては旧石器時代から縄文時代までの一万年にもわたる期間が日本文化の基層を形作ってきたものといえるが、そこでは自然を畏怖し、自然の力を自分たちのものとした生き方をとってきた。即ち人間を特別なものとせず、自然の一部ととらえ、命をつないでくれている自然に感謝し、畏敬の念を持ってきた。そして自然の全てに命や霊・たましいなどが存在するととらえてきた。それらの思い（畏敬の念）が「上」という存在を生み、それが「カミ」となり「神」となっていったものが「神《かむ》ながらの道」（神道）だとされている。そこからは欲望をコントロールする思想（生を満足し、楽しんで生きる思想）が生じてくる。そしてそれは幸福とも通じていく思想でもあった。

その後大陸から仏教や儒教（儒学）が伝来してきたが、日本ではそれらを取り込みながら「日本化」していった。特に聖徳太子はそのいずれも日本にとっては必要なものとして「十七条憲法」の中にとり入れるとともに強力に日本化していった。そしてそれらは以後、日本人の精神となっていった。聖徳太子は特に仏典の中から『法華経』を選び、典籍の中からは『論語』を選んで、仏教を厚く保護していった。ここに神・儒・仏を融合した日本の思想・精神が形成されていったといえる。そして江戸期における儒学の保護は神・儒・仏融合の思想として、さらに人々の深層心理の上に大きな影響を与えていった。

江戸期においては越後屋の三井高房は『町人考見録』において町人精神を示し、石田梅岩も『都鄙問答』を著して「心学」を広めていった。これらは町人から農民にいたるまで大きな影響を与えたのであるが、これらがもつ精神・思想は基本的には神・儒・仏のいずれをもとり入れたものであった。さらに江戸末期の二宮尊徳に至っては神・儒・仏は切り離すことの出来ない一つの「丸」のようなものであるとし、大衆からも大きな支持を得た。幕末から明治にかけての近代化を進めた福沢諭吉や、その後の近代化を推し進めた渋沢栄一においても、その精神的基底には神・儒・仏融合の思想が強く横たわっていた。

今日必要なことは近代合理主義以降の人間に対する概念、社会に対する概念を再検討すると同時に、東洋の哲学の持つ「中庸の思想（共生の思想）」をもって、見つめ直すことではないだろうか。社会としても人間としても「全人格的」な姿となるためには。しかし自らの価値観を絶対とする西洋の価値観からは異なった文化を認めることはなかなか難しい。そこに東洋の価値観（中庸の思想）をもって、異質のもの（「物」と「心」や、「自然」と「人間」など）との共存を考えなければならないのではないだろうか。それには東洋の側においても、西欧に学ぶべきところ、学ぶ必要があるところは中庸・中道の精神をもって受け入れていくべきであるといえる。(6)

啓蒙思想家であると同時に、儒学的教養を持っていた福沢諭吉は、明治の文明開化（近代化）の折り、欧米の科学技術に敬意を払うと同時に、本当の文明とは「知徳」とか「モラル」のことであるといった。これらは「信」とか「義」、「恕」という言葉で表されているもので、一方に偏ることを戒めている儒学思想（中庸の精神）は、西洋社会に対するアンチテーゼとして、文化や政治、経済上の諸問題や環境問題等に解決を与えることが可能となるのではないだろうか。

註

(1)『旧約聖書』の一番初めには「創世記」があり、神がこの世界のあらゆるものをつくったとしている。「はじめに神は天と地とを創造された」からはじまり、六日目には人間を造った。

(2)『新約聖書』「ヨハネによる福音書」第一章、「はじめに言があった。言は神とともにあった。言は神であった」"In the begining was the Word, and the Word was with God, and the Word was God",「word」はギリシャ語では「logos」であり、ラテン語の聖書(原典)ではlogosが用いられている。ここからロゴス(ことば)=神の意志=絶対的な真理・絶対的な善・絶対的な知と真実(神そのもの)=理性(最高の位)となった。

(3)『論語』泰伯第八に「子曰わく、詩に興り、礼に立ち、楽に成る」とある。

(4)『列子』における張湛の注には「自然とは、外に資《と》らざるなり」(自然者、不資於外也)とある。『新釈漢文大系』第二二巻　列子六三頁。

(5)「仁」に対する弟子の質問に対しても、孔子はその弟子の性質や性格に合わせて、それぞれ何通りもの答えを与えている。例えば孔子は樊遅が仁を問うた時には「仁者は難きを先にして獲ることを後にす」(雍也第六)と答えており、子貢が問うた時は「夫れ仁者は、己立たんと欲して人を立て、己達せんと欲して人を達す。能く近く譬を取る。仁の方と謂うべきのみ」(雍也第六)と。又顔淵が仁を問うた時には「己に克ちて禮に復るを仁と為す」(顔淵第十二)と述べている。仲弓には「己の欲せざる所は人に施すこと勿れ」(顔淵第十二)と述べ、司馬牛には「仁者は其の言や訒ぶ」(顔淵第十二)と述べ、樊遅には「人を愛す」(顔淵第十二)とも述べているのである。

(6)諭吉は『文明論之概略』の中で「日本とても西洋諸国とても、同じ天地の間にありて、同じ日輪に照らされ、同じ月を眺め、海を共にし、空気を共にし、情相同じき人民なれば……互いに相教へ互に相学び、恥じることもなく誇ることもなく……」と述べている。

二、「唯一絶対」をめぐる西洋的世界観と東洋的世界観

1、西欧の精神とキリスト教

(1)「唯一絶対」とヨーロッパの確信

ユダヤ教・キリスト教においてはヤハウェの神のみが唯一絶対の神であり、その神の言葉は神の子イエス・キリストを通じてのみ伝えられる、というものである。そして神（ヤハウェ）は常におのれ以外の神の崇拝を許さず、[1]神と人間とは契約で結ばれていた。したがって神は「不義」なるもの、その意に従わないものにはしばしば死をもって与え、おのがあだに報復し、おのが敵に対して憤りをいだくものであった。したがってこのような「唯一絶対なる真実」に対する強い態度及び「邪悪なるもの」への対決は、神とサタンとの関係にもみられるように絶対的な「善」と「悪」との対比であり、キリスト教の中には常にこのような絶対的な「善」と絶対的な「悪」という観念があった。ここから、この宗教のみが正しく、これ以外のものはまちがっているという確信が生まれてきた。

こうした「唯一絶対」なるものへの確信はヨーロッパの確信となり、ヨーロッパにおいてはこの信条にもとづいて世界を支配していき、世界にこの宗教（キリスト教）をおし拡げていった。しかしこのような一つの神のみが絶対に正しく、他のすべてはまちがっているという信念は、非寛容的なものであるために他者を否定することになっていった。又、キリスト教における神は虚無より天地万物を造った創造神[2]でもあるために、そこには「つくる」論理が働いており、「あるべき秩序」、「一つの方向に向っていく」という歴史観をもたらしてきた。そして歴史は地上の国が終わり、神の国が地上に現わされる終末に向かっているというところから、歴史は「目的」に向かって歩んでいるという見方が生じてきた。

もう一つヨーロッパの精神をつくりあげていったものに「理性」がある。ヨハネによる福音書の最初に「はじめに言があった。言は神とともにあった。言は神であった」[3]という文章があるが、この神＝父＝言葉＝ロゴス(logos)というのはそれ自体が真理であり、永遠の生命への道でもあり、キリスト教の信仰のいっさいが導かれているものであった。このロゴス（知、意識）によって事象を明確に把握し、意識化していくとともに、すべてを言語的に明確にし、明示的に行っていこうとする思想が生まれてきた。又、自己を他の事象から分離し、対象化してみようとするところから、「理性」が最も重要なものとされるようになっていき、そこから自然科学の「知」が発達していった。

このように「唯一絶対」なるものを肯定する思想方式は、相対立するものはどちらか一方を唯一絶対なものとし、その優位とともに、他を劣位、又は排除して、普遍的絶対性を求めるようになっていった。これは自然科学だけではなく、社会科学においても最大の「価値」となった。この結果できあがった西欧の科学思想は「理性」、「合理性」、「論理的整合性」、「法則性」及び「必然性」を絶対なものと考えるものとなり、ここからは「全体性」、「柔軟性」、「共生」等が欠けるようになった。

(2) 東洋思想と汎神論的世界観

西欧の文化・社会が唯一絶対の神をおき、そこから原理絶対主義を導いてきたのに対して、東洋における神は唯一絶対者でもなければ超越者でもなく、宇宙を創造したものでもなかった。したがって宇宙には目的があるととらえられてもいない。それゆえに、普遍的な原理をまず捉え、この原理から一切を意味づけ、理解しようとするロゴス的な認識方法はないといえる。神も唯一絶対の超越者ではないために、人間との間もそれほどは隔たってはおらず、それは共同体の調和総合をはかり、共同体内の緊張を緩和するような存在、即ち仲介者的な存在であった。

このように神と行為者との間にはあまり距離がないというところから、行為規範は相対的なものとなり、規範の規制力も弱くなってくる。又、行為環境それ自体に神性があるとみているところから、人々は「状況」に対して高い同調性を示すとともに、その意義を絶対視していくようになる。したがってこのような多神教的・汎神論的な世界観のもとでは状況的な行為をとるようになるために、規範の一元化も行われにくく、普遍的な規範が出てこない。そのため規範の個別化が行われるようになると同時に、行為における状況への適合のあり方は個々に設定されなければならないこととなり、そのつど標準が変わるという現象があらわれてくる。

そして又、ここでは外的な自然界において「あるがまま」の意義を認めようとし、人間の自然の欲望に対してもあるがままを認めようとしているため、欲求肯定の態度となり、状況的な行為においては行為者の要求が優先されるようになってくる。さらにここには独立した個の自覚、あるいは自立的精神によるものがないために、基本的な行動様式も情緒的となり、行動の動機づけも情動性をともなったものとなりやすい。ここでは生きるために与えられた環境又は客観的な条件はそのまま肯定し、諸事象の存する現象世界も、そのまま絶対者とみなしてきたのであった。人間も動植物もすべては生きとし生けるものとして自然を構成するために存在し、人間もこの自然と同じ生命をやどし、自然の中に生きるものなのであった。それゆえに自然の原理が神なのであり、自然そのものに神性をみいだしていた。そこに「自然との調和」を重んずる傾向が生じてきた。

このように外的な自然界においてあるがままの意義を認めようとしたように、人間の自然の欲望に対してもあるがままを認めようとした。したがって唯一絶対の世界観をもつ世界においては、常に唯一絶対の規範にむけて戦おうとし、何か困難な状況に面した場合にも、それは「内」での戦いにおいて対応していこうとするのに対して、人間の欲望があるがままに肯定されている場合においては、自己を変化させていこうとするよりも、「外」へそれは向かっていき、神や仏に対する願い（願かけ）となって現れてくる。

日本における民族宗教の「神道」においては、人間を本来的に性善的なものとしてとらえると同時に、自分達より力のあるもの、畏れ多いもの、不可思議的なものはすべて神として崇拝してきた。特に物の生成に大きな関心をいだいた日本人は、物を生成する原動力、神秘力であるところの「むすび（ムスヒ）」を神格化した造化神をつくっていった。それが「生産神」（うぶすながみ）[4]なのであるが、この「産み」＝「むすび」の根本は男性と女性であり、日本の「神道」においては男性と女性とは共にあらゆる存在の基であり、根本であり、欠くべからざるものであった。

「二つのもののもつ性質」がなかったら、天地も自然もなかったし、男と女があらゆるものを産み（むすび）、つくってきたのであった。これは神＝ヤハウェが一人で天地を創造したというのとは根本的に異なるものであり、日本においては神は本来「男性と女性」(二つの性質の共存又は共生を前提としたもの)なのであった。これは後の仏教的神道といわれるものに、より鮮明に現れてくるのであるが、たとえば両部神道においては両部即ち一切の万物に存在するといわれる金剛界(男性、知恵)と胎蔵界(女性、物質)との両部(あらゆるものの根元)をそれぞれの神々にあてはめ、祭ったのである。

これはlogos(ロゴスは男性名詞)=男性=神によって天地がつくられたとするキリスト教とは大きく違い、日本の「神道」においては天照大神(女性)が自然界の中では最も崇高な神となっている。しかし『古事記』においても決して、「女性的なるもの」を優位とし、他を劣位としているのではなく、ここには必ず「男性的なるもの」も含まれており、その原理もはたらいている。このように日本の「神道」においては片方が優位であるようにみえても、その中には必ず他方が含まれており、一方が完全に優位を獲得するというものではなく、バランス又は共生を保とうとするものであった。ここには絶対的な「善」や「悪」は存在してはいないし、絶対的な「中心」又は「対立」というものもなく、対立的存在も微妙に均衡しながら存在しているのである。したがってここでは何かの「原理」が中心を占めるということはなく、矛盾は止揚され総合されていくというよりも、「融和」されていったのである。

こうした「神道」における「対立」と「融和」というとらえ方は、統合というよりも「共生」の理論であり、永久に絶対的な原理を生むことのない、即ち中心点に到達することのない理論だといえる。それは対立するものの共存を許すものであり、相対立する力を均衡させることによって維持しているものであった。したがってそれは権威あるもの、権力をもつもの(神)による統合ではなかったのである。こうした「均衡」概念(共生へつながるもの）は日本人の価値観に大きな影響を与えたのであるが、このような価値観は仏教、儒教にも通ずる概念であった。

(3) 大乗仏教と中道の精神

仏教においては釈迦は神ではなく、悟りをひらいた一人の人間[5]、涅槃に入った人間であった。又西欧の合理主義が常にどちらか一方を絶対的なものとして分離、対立させてきたのに対して、仏教思想は、あらゆる矛盾を包み込んだ多様性をはらんだものであると同時に、「中間領域」をいく均衡思想であった。仏教においては、あらゆるものは「一時的」なものであり、「流れ」と「変化[6]」とは自然の基本的な特徴であるにもかかわらず、固定した形にしがみつこうとするところに苦しみが生ずるとしている。したがってここからは「無常」の概念とともに「無我[7]」の概念が生じてくる。さらに、我々がするさまざまな経験の中には自我などという主体は存在し得ず、このようなものは真実をともなわない知的概念にすぎないとした。そしてこのような概念に固執することが結局固定した考えや思想に執着するのと同じ苦悩をもたらすとした。

さらにこのような苦悩の原因は、まちがったものの見方、即ち「無明[8]」にあるとして、ここからくる無益な執着こそが人々をして世界を個々別々なものとしてとらえさせてしまい、流動的な現実（真実）を頭で考えたところの固定的な範疇におしこんでしまう。そのため、実際には常に変化しているものであるにもかかわらず、永久的なものとして思いこんでしまうのだとしたのである。このように仏教においてはすべてのものの無常を強調し、すべての精神的権威からの自由を強調するとともに、悟りの境地にいたる道を「あるがまま」の概念としてとらえていった。そして真実とは究極的には概念や思想によってとらえられるものではなく（これを「空」とよぶ）、「空」とはなにものも特定の固有性（自主）をもたないものだとしたのであった。したがって、すべての概念的な考え方の無意味さが認識されたとき、リアリティーは純粋な「あるがまま」の姿で体験されるのであって、人間によって作られたリアリティーに関するすべての概念は究極的には「空」なのであった。

ここから「個我の執着」を離れ、対立観をなくし、「自他無差別の境地」に達すること、およびありのままを正しく生かすという思想がでてくる。対立というのは思考領域に属するところの抽象概念なのであり、相対的なものである。したがってひとつの概念に心を集中するという行為そのものが対立概念を生むのであって、「善」と「悪」、「生」と「死」等をとってみても、それらはべつべつのカテゴリーに属する絶対的な体験ではなく、同じ世界の二つの側面にすぎないととらえるのである。このような、対立概念を一つの世界に融合する考え方は、仏教においては「色即是空」として表されており、「色（形）」と「空」との関係を二律背反的な対立としてはとらえず、同じリアリティーの二つの側面にほかならないととらえているのである。したがってこれら二つのものは共存（共生）し、協力し合っているともいえるのである。

又、仏教においてはすべての事物は現実的な存在、複数の存在要因なのであって、それらは互いに他の存在要因を必要としており、「相互依存的」[9]だととらえられている。したがってすべては「相対的」、「関係的」なものなのであって、ほかの存在に依存しない自立した存在などはあり得ないのである。ここにすべての事物の一体性とともに相互関連性が強く説かれ、すべての存在に対して平等に対すること、即ち「中道」の精神が大きく浮かびあがってくるのである。

このように「無我」と「相依」の原理から、一切は相依り、相互相資の関係にあり、独立絶対の実体はないとして、人間存在全体の本質的価値を表明しているのである。又仏教においては徹底的な「平等主義」を持ち、あらゆる生物は人間と同位格にあり、質的には同一であるとした。これは山川草木まで平等（山川草木国土悉皆成仏[10]）という思想となっていくのであるが、このあらゆるものをひろく愛する、兼ね救うという平等主義も大乗仏教の大きな特徴だといえる。

大乗仏教のもつこのような「平等」、「中道」、「等距離性」、「中間領域性」、「融和性」、「柔軟性」、「自我の否定」、「固定観念の否定」、「永久性の否定」、「精神的権威からの自由」、「事物の一体性と相互関連性」、「相依性」、「対立観の否定」等は、西欧のキリスト教よりくるところのものとは全く違う概念であった。ここからは唯一絶対の原理が生じることはないし、対立物は常にどちらか一方の勝利に終わるということもあり得ない。対立しているものも、すべては相互依存しているのであるから、ここには「調和の概念」「共生の概念」しか生まれてはこない。

(4) 和・平等から「共生」へ

中国の「道教」においては自然界を陰と陽という両極性としてとらえており、「道」（タオ）といのは両極の力のダイナミックな相互作用からあらわれるとしてきた。そして、対立関係にある二極はダイナミックに関連しあうひとつの極関係にあるととらえ、相対立するものすべてに「絶対的な一体性」を認めようとしてきた。これはキリスト教文化にみられるように、相対立するものはどちらかを唯一絶対なものとしてとらえ、それを優位にするとともに他を劣性とするか排除して、「普遍的絶対性」を求めようとするものとは大きく異なるものであった。

相対立するもの、又は相容れないと信じていたものが、同じものの別な側面であるというとらえ方は西欧人にとってはむずかしいであろう。しかし対立はすべてが両極的であり、同一現象の異なった側面にすぎないという考え方は東洋の生き方の根本原理でもある。そして対立するものはすべてが「相互依存」しているというところからは、その拮抗がどちらか一方の勝利に終わることもない。

こうした東アジア文化のもつ「調和の概念」「共生の概念」および総合的なものの見方は必要不可欠なものであるが、西欧文明は常に二つの側面のうち、どちらかを優位におこうとしてきた。そしてそれは常に「陰」より「陽」を、即ち、直感的な智慧よりも合理的な知識を、協調より競争を、綜合的であるよりも唯一絶対的なものを求めてきた。一方、東洋の智慧（般若＝直観）は分別知とは異なり、思考のあらゆる範疇を超越しているために、抽象化や概念化には無関心となっていった。又、ここからは究極者は出てこない。

神道における最高神であるところの天照大神にしてもそれは決して究極者ではない。天照大神は弟の須佐之男命の処罰(11)に関しても、自らの意思を直接関与させてはおらず、それは「八百万神共議」(12)の結果であるとしているのである。このように、最高の存在とされる天照にしても「寛容」、「包容的」であると同時に、自己の主体的意志と責任とにおいて支配統率するという強力な指導者ではないのである。又、神と人間との関係も大きく隔絶したものではなく、むしろ人間に近い存在であり、自然的な情緒的関係であるために、「つながり」を大切にしたところの親和関係となっている。この関係は、「上」と「下」との関係においてもあらわれてくる特性であった。それは自然の人情に基づいた親和的関係なのであって、「つながり」を重視し、「上」の者の「情」によるいたわりとめぐみ、それに対する「下」の者の心的帰順こそが最高の価値であった。このような「主体的自立的意志」

ではないところの、「包括的全体的」な親和、和合に最大の価値をおいた価値観は、すでにここにおいてみることができるのである。

日本に仏教を広く伝えたのは聖徳太子であるとされるが、太子が数多い大乗仏典の中から選んだ経典は、『維摩経』、『勝鬘経』、『法華経』であった。中でも、『勝鬘経』については太子自らが時の女帝、推古天皇の前で説いたというほど熱心に布教しようとしたものであった。この経典は勝鬘という一人の女性が釈迦のゆるしを得て深い仏教の理想を述べたものであるが、勝鬘が説いた「十大受」及び「三大願」は大乗仏教の精神を最も開顕したものだといわれている。

「三大願」とは、「十大受」の精神を要約したものであり、勝鬘が無量無辺の衆生を安穏にするためにたてた願であった。ここで勝鬘は仏陀の教えの根本精神を体得し、その大乗の精神をもって、自己の完成にとどまらず、他の人をも救おうとする菩薩の道を説いたのであった。人間は身分財力老幼をとわず、誰でもが貴い如来を身の内に持っていることを人々に自覚させて、この世を安らかな、生き甲斐のある人生にしたい、というものであった。聖徳太子はこの大乗精神のもつ平等性と慈悲の精神を「十七条憲法」の中に盛り込んだため、それらは以後「日本人の精神」として形成されていくのであった。特に第一条の「和」(13)の精神及び全体に流れている「平等」の精神は大乗仏教の精神を強く示すものであった。

2、東西価値観の相違と「共生」への道

(1) 東洋的価値観と「自然との調和」

宗教とは個人が神と信ずるもの、即ち世界を主宰している最高価値神と関係して生きようとする努力及び感情であるが、神の本質的な特性及び神の概念においては諸宗教は大きく異なり、それはさまざまなエートスとなってそれぞれの宗教のもつ文化・社会をつくりだしていくこととなる。こうした世界諸宗教[14]を考えた場合、最も大きな特徴は「一神教」か「多神教」かの違いであるといえる。一神教がユダヤ教・キリスト教に代表され、それらが西欧の文化をつくったとしたら、アジアの宗教はほとんどが多神教であり、それがアジアの文化をつくってきたといえる。ここに西欧とアジアとの大きな相違をみることができるのであるが、日本と他のアジア諸国との間においても宗教的な違いがあり、それが日本文化および日本的エートスの形成と他の国々との違いを生み出しているのである。

一神教が唯一で絶対的な超越神を持っているのに対して、多神教においては絶対者を持たず、神々は世界を超越したところに存在するのでもなく、神々と人間とは隔れてはいない。生きるために与えられている環境又は客観的条件をそのまま肯定し、諸事象の存する現象世界をそのまま絶対者と見なしている。それゆえ人間も動植物も、すべては生きとし生けるものとして自然を構成するために存在しており、人間もこの自然と同じ生命をやど

して自然の中に生きるものなのである。したがって自然の原理は神であり、自然そのものに「神性」をみいだしたからこそ「自然との調和」を重んずるようになったのであった。これが日本の「神道」であるが、このような存在認識から汎神論的傾向を持つとともに、自然物に神を見いだす思想からは多神教的となるのも当然であった。

このように唯一絶対の超越者を持たない多神教的信仰においては規範が一元化されず、普遍的規範は出てこない。そのかわり規範の個別化が生じてき、行為における状況の適合を個々に設定させることとなり、そのつど標準が変わっていくこととなる。さらに汎神論における神と、行為をする者との間には超越神の支配する世界ほどにはその距離（神と人間との間の距離）がない。神と人間との間にそれほどの距離がなく、一神教におけるような唯一で超越的な絶対者ではない神の下では、行為規範はおのずと「相対的」なものとなってくる。これは行為において設定された標準もしくは規範の規制力が弱いということともなる。

これに対して唯一絶対の神によって創造されたとする世界においては全能の神と人間との間には完全な断絶（神と人との間には大きなへだたりがあり、支配者と服従者の関係）があるため、そこでは行為の存立根拠に対する疑問や批判は許されず、行為に関して「絶対的」な規範が生ずることとなる。さらに唯一絶対の神、全能者としての神をもつ世界においては、たえず唯一絶対の規範にむけての戦いがある。したがってここでは危機的な状況に対応する場合においても、それは人間の素朴な欲望を否定した「内」での戦いにおいて対応しようとする。しかし人間の欲望があるがままに肯定されている世界の下では、先にみたように自己を変化させていこうとするよりも「外」へそれは向っていくこととなり、神に対する願いとしての「願かけ」が行なわれるようになる。これは行為者の要求の肯定というものの上になりたつものであり、個人の世俗的要求に対する肯定であるともいえる。

そして又、こうした生得的欲求の肯定と状況的行為という態度は現世主義的価値観にも通じていった。

(2) 東洋思想における「無我」と「相依」

仏教においてもキリスト教が意味するような神＝男性の存在はない。釈迦はあくまでも悟りをひらいた一人の人間である。その涅槃に入った人間が、人間（男性でも女性でもない）に対して悟りに至る教えを説いたものである。「悟り」とは知的対立の世界を超越した、無分別の「あるがまま」をさとり、無想の世界に入ることである。そしてその悟りは釈迦によって「四締」[15]として簡潔に説かれている。その第一は自然の基本的特徴を「流れ」又は「変化」ととらえ、すべてのものは一時的なものだという基本的事実を受け入れることであり、それに抵抗し、固定した形にしがみつくところに苦しみが生ずるとされ、無常と無我とを説いている。

我々がするところのさまざまな経験の中には自我などという主体は存在し得ず、これらは真実をともなわない知的概念だとした上で、このような概念にしがみつくことは固定した考えや思想に執着することとなり、苦悩をもたらすもととなるとした。そしてこれらは、まちがった見方、即ち「無明」より生ずるものであるとし、それが流動的な現実（真実）を、頭で考えた固定的な範疇（永久不変なもの）におしこめ、無益な執着を生じさせているとした。

こうした状態からの解放が悟りであり、涅槃であるが、その道は相反する二極のまん中を行くこと、即ち「中道」であるとする。このように釈迦はその教えを一貫した哲学体系として述べるよりも、悟りに達する方法として述べている。「平等」に対しても、それはすべての存在に対して等距離を保つよう努力することであり、すべての存在に対して等しく対することであるとした。

釈迦入滅後、馬鳴(16)は悟りに至る道を「あるがまま」に求め、龍樹(17)は真実とは究極的には概念や思想によってとらえられるものではないとしてこれを「空」とよんだ。「空」とは何ものも特定の固有性（自性）をもたないものであり、すべての概念的考え方の無意味さが認識されたとき、リアリティーは純粋な「あるがまま」の姿で体験されるというものであった。それは人間によって作られたリアリティーに関するすべての概念が究極的には「空」であるということであると同時に、一つも独立絶体の実体はなく、あらゆるものは相依り、相互相資の関係（相互関連性）のもとにあるという、相依の原理を生じさせることになった。

個我の執着を離れ、対立観をなくし、自他無差別の境地および、すべての事物は互いに他の存在要因を必要としているということ、すべては相互依存的であり、相対的、関係的であって、ほかの存在に依存しない自立した存在などはあり得ないというところからは、おのずと「中道」「平等」「和」「共生」の精神が生まれてくることとなる。儒学においては「中庸は徳の至り」(18)とされているが、「中庸」とは過不及のない平常不変の道理であり、「中」・「和」から「中和」へ、さらに「中庸」へと向上させていったものであった。又、神道における均衡、融合、和の精神は、仏教における中道と平等、儒学における中庸の精神とともに、「和」の精神をさらに確固としたものとした。

(3) 西洋における「知」と「利己心」

これまでみてきたように、「唯一」と「絶対」とは旧約以来キリスト教精神の中に強力な信念となって形成されていくとともに、究極者神の超越的な存在と正しさ、権威とは政治的にも大きな求心力を持った。人々は神の名の下に戦いをし、政治的行動を自己正当化していくことにもなった。そして宗教（キリスト教）以外に、世界のあらゆるものの存在と創造とを包括し、世界性とともに普遍性をもつものがなかったために、それらを知り、考えるときにおいても、神の世界をぬきにしては知り得なかった。ここに宗教（キリスト教）と「知」との結合が生じ、「われ知らんがために、信ず」というスコラ学者の言葉が生じてくることになる。こうした「知」、哲学、及び倫理観＝価値観とキリスト教との結合によって、教義への信頼と、そこから導かれてきた「知」とは唯一絶対なものとされ、唯一の世界観と価値観とは正統と異端、善と悪、正と邪とを決定づけ、異端を排除していくようになった。一方信仰と結びついていた「知」とはいえ、信仰そのものもカトリック教会の権威への服従となっていき、その本来の聖書への信仰がうすくなってしまった。

これに対して「あるべき姿」にかえろうとして生じてきたものがルネッサンスであり、宗教改革であった。プロテスタントによるカトリック批判は原則からはずれ、頽廃していった精神に対して、純粋な精神と信仰（信仰の純粋化＝ピューリファイ）(19)を求めたものであり、聖書に対して、より厳密に従おうとしたものであった。それだけに非常に厳格なものであり、それが日常の中で一般市民レベルにおいて行われたのであった。聖書のみに厳格に従う原理原則主義又は教条主義ともいえる傾向は、原理原則、即ち絶対的な「善」、又は「義」、「正しさ」に合わないものは許そうとしない精神へとつながっていった。

近代社会という時、それはキリスト教から導かれた多くの特徴をそなえている。そしてそれは先にみたように宗教改革による聖書中心主義、聖書至上主義からくるところの原理主義を導くとともに、いかに生き、いかに救われるかも聖書、すなわち神によってのみ伝えられ、なされるものとなった。キリスト教においては人間がこの世で苦しんでいるのは人がアダムにおいて罪を犯したからであり[20]、全人類は罪人であるとされる。そこから、神は完全に公平かつ慈愛にみちたものではあるが、人間の苦しみは「おのが罪」ゆえである、という原罪思想[21]が生じてきた。

神は人間を創造する時、自由な意志を与えたにもかかわらず、せっかく得た自由意志を乱用し、神に背いてアダムが「木の実」を食べてしまって以来、人は楽園をおわれ[22]、永久に苦しむ[23]こととなった。アダムが自由を乱用して悪を選んだことによる「原罪」は人己の力によって逃れることはできず、その唯一の道は神の恵みにたよることであった。神は人間（アダム）のたった一度のあやまちを許さず、苦しみを永久に与えたということは報復的ともいえるのであるが、罪人ゆえの苦しみから救われるにはどうしたらよいかということが、ここからの最大の関心事となってくる。それには各人が主イエスに対する信仰を持つことであり、福音書においては「個人」が天国に入るにはどうしたらよいかという自己自身に対する関心と、あの世とのかかわりに関することが中心的に述べられている。

イエスは「わたしは道であり、真理であり、命である。だれもわたしによらないでは、父のみもとに行くことはできない」[24]「時は満ちた、神の国は近づいた。悔い改めて福音を信ぜよ」[25]と言っている。最後の審判が近いことを述べ、それには何をなすべきか、「個人」の救いについて述べている。又「自己自身の救済への関心」とともに、イエスは「喜び、よろこべ、天においてあなたがたの受ける報いは大きい」[26]として「個人的な報い」について約束している。それだけにイエスに従わない時には、きびしい裁きがまっているのであった。「もしあなたの右の手が罪を犯させるならそれを切って捨てなさい。……全身が地獄に落ち込まない方があなたにとって益である」[27]と。

このようにイエスは天国と地獄というような、即ち報酬と刑罰というような思想をもって個人に訴えたのであった。これはどちらも自分自身の利益につながるものであり、人が報酬を希望するのも、刑罰を恐れるのも自分自身のためであった。このような思想を背景に西欧における「利己心」は育っていったともいえる。又、自分自身が天国に入るためにはイエスに対する信仰が決定的なものであった。「御子を信じる者は永遠の命をもつ、御子に従わない者は命にあずかることができないばかりか、神の怒りがその上にとどまるのである」[28]というように、どれほど道徳的な善い生活を送ろうとも、イエスを信じなければ救われないのである。

このようにキリスト教においては「信仰」に決定的なウエイトがあり、イエスを唯一の「救い主」[29]として認め、信じることが最も重要なことであった。そしてイエス・キリストに対する信仰とは、罪人である人間を罪から救い、その罪をつぐなうためにかかった十字架上の死を、イエスの福音として受け入れることであった。人は律法によるのではなく、信仰によって義（正しいもの）とされるのであった。律法によって義が得られるならイエスの死はむだになってしまうからである。人は正しいことをした時（律法にかなった時）正しい（義）とよばれるのではなく、神を信じ、神を信頼する時に正しいとされるのであった。このようにキリスト教においては自己自身の救済のために神の恵みを期待し、イエスも自己を神として認め、信じる人々の運命にその関心を向けたのである。それゆえ、イエスの教えを受け入れない者に対する態度はきびしかった。

(4)「大乗精神」と「慈悲」

これに対して釈迦は生きとし生けるものすべてを苦から解放しようとした。仏教においては「自己」は否定され、釈迦は自己中心性の克服、自己愛を克服するよう教えた。「自己」が存在しないかぎり、利己主義はなりたつはずはなかった。したがって自己の利益と他人の利益は衝突することはなく、「わがもの」という観念からも自由でなければならなかった。釈迦が出家した動機は生とか死とかという形而上学的な問題ではなく、多くの苦しんでいる者へのあわれみ、即ちどうしたら「衆生」(30)をその苦しみから救えるか、という衆生への慈悲からであった。「無明」と苦にうめいている衆生をあわれみ、悲しみつつ苦から救い出し、楽を与えようとすることであった。

したがって釈迦は自分のさとりを自らのうちにとどめることなく、衆生のもとにもたらそうとした。大乗仏教においては釈迦以外にもさまざまな仏が想定されているがそれらの仏は皆、慈悲ゆえに人間世界に救済におもむくというものであった。それゆえこれらの仏の根本的な性格は慈悲であり、生きとし生けるものにあわれみの心をもち、できるかぎりそれらを苦から救い出そうとするものであった（特に死の苦悩から救おうとした仏が阿弥陀仏であった）。

キリスト教においては神の愛は、神の子イエス・キリストによって示されている。イエスは人の子として受肉し、人間の罪を背負って十字架にかかったのであり、これほどの神の愛はないとする。このキリストの行為こそが愛の行為であった。又、キリスト教におけるヤハウェの神は愛するものの中に「不義」を許さないため、神は常におのれ以外の神の崇拝を許さず、契約で結ばれていた。それは「モーゼの律法」にもよく表わされており、その律法の第一は「汝我面の前に我の外何物をも神とすべからず」[31]であった。神はイスラエル民族が彼のみを崇拝しているかぎりイスラエルを守ろうとしたのであった。

神は不義なるもの、その意に従わないものにはしばしば死を与えているように、神はおのがあだに報復し、おのが敵に対して憤りをいだくものであった。このように神は自分一人だけを愛し崇拝することを求めたのであるが、これは「唯一絶対な真実」に対する強い態度でもあった。こうした「邪悪なるもの」への対決は仏教思想には本質的に存在してはおらず、仏教では対決による「邪悪」への否定ではなく、「知慧」によって相手の「邪解」をてらし出し、「慈悲」によって相手の「無明」を開こうとするものであった。

又、キリスト教においては死は、「罪によって死は世に入り、凡ての人、罪を犯しし故に死はすべての人に及べり」[32]とされ、イエスの十字架上の死をパウロが贖いの死とした。この死と復活の思想こそキリスト教の中心思想であった。一方、釈迦の死は特別な説明を加えられることなく、その静かで偉大な死が報じられているだけである。釈迦も、いっさいの存在するものはすべて無常に帰し、生あるものは必ず死す、という生死、無常のさとりを説いて静かに安らかに世を去った。したがって釈迦の死には何の解釈もつけ加えられてはおらず、その死は明々白々たる生死無常の理を語りかけているだけである。

しかしキリスト教においてはイエスは死の克服者となった。イエスは三日目によみがえり、天国に行くとともに、再臨の時ふたたび地上におりてくる。イエスの後に死んだ人も魂は天国に行き、再臨の時には生き返るとともにあらたに審判を受け、イエスの死と復活を信ずるものは罪を許され、永久のいのちを授けられるのである。イエスの十字架上での死の意味を信じさえすれば、永遠に不死なる幸福な世界へ入れるのであった。

二、「唯一絶対」をめぐる西洋的世界観と東洋的世界観

これに対して東洋の文化・宗教の下では、孔子においても一切死の問題を伝えてはいない。それは儒学の本質でもあるが、孔子にとっては死の問題は必要のない形而上学的な問題であった。それは死を問われた孔子が「未だ生を知らず、焉くんぞ死を知らん」[33]と述べていることからもわかる。又、神道においては『古事記』に始めて「死」の問題が出てくるが、伊邪那美命の死[34]は不幸な病死としてしか出てこない。伊邪那美の死は過失でも、違反でも、悪霊のたたりでも、宿命でもないため、応報の摂理も運命の決定もない。生と死とはここでは画然と隔てられているだけである。黄泉の国[35]は全く没道徳的な理法の下に立つ国なのである。

したがって黄泉は倫理的な観念とはならないし、古代日本人は死の問題に道徳的な応報律をからめては考えていなかった。人は死ねば善人も悪人も黄泉の国へ行くほかはなく、それに対して悲しむしかなかった。このように日本の黄泉国には応報の理がなかったということは、救いによる安心の希望もない代りに、劫罰の恐怖もなかったということである。黄泉の国は「穢」とだけ受けとめられており、浄、不浄の基準だけからとらえられているのである。

仏教においては道元は『正法眼蔵』で「生といふとき生よりほかにものなく、滅といふときは、滅よりほかにものなし」と言っているように、生は生であり、死は死であって、それぞれ絶対なのであった。したがって生死のほかに絶対を求めるのではなく、生に徹する時に絶対につながるのであった。当然、死も死において絶対であった。この世の行いに徹し、わずかな一生を見事に生きること、そして見事に死ぬ事、即ちこの世の生を生きることが絶対にふれることであった。

このような現実の生の営為を同時に現実を超えた形而上的世界の営為と見る考え方は日本の儒者にもあり、伊

藤仁斎は陰陽も仁義もともに「活物」としてこの大いなる天地の生々化々に参賛するものであるゆえ、人倫における卑近な日用常行に生きること自体が、永遠に生々してやまない天地と合一することなのであるとした。即ちそれこそが天地の生々の運動に参賛することなのであった。この世にあって、この世に生きるということは、この大いなる天地につかの間の生として現われ、そして消えていく生を生きることによって、大いなる天地へ随順することなのであった。

(5) 近代個人主義の精神と「合理主義」

宗教は人間の生と死という現実を前に出発したものである以上、救いの問題は非常に重大なものである。キリスト教においては宗教改革により、教会という世俗の権威から離れ、信仰の主体が個人におかれたために、各個人は神と直接向かい合うこととなった。こうして個人は自らの意志と責任とにおいて神と対峙すると同時に、あらゆるものの助けをかりない、即ち（信仰の仲立ちとしての）組織までも否定したところの（近代）個人主義の精神を得たのであった。

キリスト教はその誕生において、即ち旧約の時代より、一神教として唯一絶対の神を持つ宗教であって、神の持つ唯一性、絶対性は普遍の真理であり理性であった。プロテスタンティズムはそこにさらに偶像崇拝を戒め、神への崇拝の念を人々の「信仰心のみ」に求めたのであった。ここに神は「形」をはなれ形而上的なものとなり、唯一絶対の力を持つ創造神であると同時に形而上的なもの、普遍的なものとなっていった。こうした絶対性、理性、普遍性はその後、近代の合理主義をかたちづくっていくこととなり、普遍的、絶対的な理性が価値の中心を占めていくようになった。ここに表面的には神に代わって理性が前面におし出されてくるのであるが、その究極の背後には「神」の理性と絶対性が厳存していたのであった。

こうしてヨーロッパ近代の精神は理性的精神となり、個人に分解された「個」＝「我」の中心となった理性的精神とは「明晰」で「論理的」なものとされ、そこにおける人間像も客観的・普遍的・抽象的なものとなっていった。ここに「近代」の理性的人間像ができ上がるとともに、それは普遍的なものとなり、知的伝統の中心にすえられるようになっていった。近代的理性は「我」、即ちデカルトのいう「我思う、故に我あり」に代表されるように、あらゆるものをたちきった「自己」、何にも依存することのない自律的精神のみが「絶対」に確実なものとされたところから出発した。デカルトは理性的精神をこの「思う我」に求めると同時に、それは他のいかなるものをも必要とせず、それだけで存在し得る、という精神の自律性を説いた。

同時に「近代的」人問理性中心主義はあらゆる自然界の中で、その中心に人間をすえ、自然的世界を人間中心に、人間にとって最も有用なものに変えていった。そこにおける自然界は共存する存在ではなく、「人間」のための征服の対象となってしまうとともに、そのための力は人間理性によって築き上げられてきたところの科学的方法であった。合理主義は理性を中心におき、それに基づいて推論、判断したものを絶対なものとする精神であった。

さらに、デカルトによりこの理性的精神は他の能力とは関係なく、「自律的」とされた。そして精神はその存在のためには他のいかなるものをも必要としてはいないのであった。しかし東洋的世界観からみれば、世界に存在するあらゆるものが他のものと一切無関係に存在するということはあり得ない。この世界に存在するものは逆にあらゆるものとの「関係」の上に成り立っているとも言える。けれどもヨーロッパのこうした考え方によればこそ、近代科学、又は近代技術のもとになったところの、個々の原子論的細分化及び分析を可能にし、科学的方法に、より近づけるとともに、それらを大いに発展させることともなった。

(6) 東洋思想から「共生の思想」へ

旧約聖書の創世記（天地創造）に、神は天地や動物他地球上のあらゆるものをつくり、六日目の最後に人間（男性・アダム）をつくり、そのアバラ骨から女性（エバ）をつくった[36]と記されている。そして人間（アダム）に地球上のあらゆるものを治めるようにさせた。[37]キリスト教における世界観は、人間・自然・神という三つの要素とその相互関係において見るならば、神・人間・自然は分離して存在しており、三者の間には厳然とした主従関係があるということである。即ち、神と人間とは厳しく隔てられていると同時に、自然は神や人間とは別の存在であり、動物や植物に神性が宿るということはあり得ない。

全知全能の神は常に最高位にあり、被創造物（神によって作られた）である人間や自然を支配しているのである。創世記にあるように、人間（神の姿に似せてつくられた）は神から自然を支配し、制服する権限を与えられたため、自然より上位におかれてはいるが、神の下にあり、神・人間・自然という上下関係（主従関係）が生じている。そして自然は神からも人間からも支配される存在なのである。

しかし東洋の思想、特に儒学においては天地・自然と人間との調和観を持っている。人間は天地の中に生まれ、自然と共に生きているのであって、天地の動きや自然の変化に順応し、それらと調和しながら生きていくものなのである。それは儒学の中心的書物とされる四書五経の中の首経とされるところの『易経』(38)にも示されている。『易経』は天命の思想、天人合一の思想を持っている。この天命とは人間にはどうにもならない超越的なものであるが超越神がいるわけではない。これによって森羅万象ができあがっていて、人間も生まれ、社会国家も成立しているのである。それゆえ人間は天人合一の生き方をしなければならず、それは人間が宇宙の理法に順応し、自然と調和しながら生きていくことなのである。

『易経』には天地人の「三才」(三つの基本)の思想があり、宇宙(天)が初めにでき、地球(地)がその一部として形成され、人間他すべての動植物(人)が出現したというものであるが、絶対者(神)が天や地や人をつくったとはされてはおらず、そこには上下関係も主従関係もなく、天地自然と人間との調和観を強く持っているのである。したがってそこからは人間が自然を征服し、支配し、利用し、保護するという思想は出てこない。全てのものと調和しつつ共に生きるという「共生」に向かう思想だといえる。

西欧のもつ唯一絶対の思想に対して、東洋の思想は「関係」と「調和」の上に成り立っており、他に依らずに自立して存在し得るものはないとする思想及び、宇宙の調和、天・地・人の調和の重要性を述べているということは、基本的に「共生」の概念をはらんでいるものだといえる。

註

(1)『旧約聖書』「出エジプト記」(十戒)、岩波書店、二〇〇四年、二〇八頁。
(2)『旧約聖書』「創世記」(天地創造)、岩波書店、二〇〇四年、三～五頁。

(3)『新約聖書』「ヨハネによる福音書」、中央公論社、一九八三年、一七五頁。
(4)『古事記』「日本思想大系」、岩波書店、一九八二年、八三〜九七頁。
『古事記』における造化神。天地・万物を生成発展させる霊的なはたらきのこと。万物の生成発展にかかわる重要な概念で、ムスは生成発展する意、ヒは神秘的なはたらきを意味する。
(5)サンスクリットでBuddhaは覚者=悟った者、真理に到達した者(dharma)の意、〝仏陀〟は音を漢語化したもの。「悟り」とは無常・無我を知ることで、その境地を涅槃(nirvana)と称している。
(6)「空」の思想に通じるもので、『摩訶般若波羅蜜多心経』には「色即ち是れ空、空即ち是色」とあり、有無いずれにも偏しない非有非無の中道たるものだとされ、事物をして真に正しくあらしめる原理であるとされている。
(7)我=固定的実体的な自己(átman)は存在しないとするもの。
(8)真理を知らないという無知のことで、真如の理を知らない、あるいは「有を無と見、無を有とみている」状態。即ち、知るべき対象を知ることを妨げられている状態のこと。
(9)大乗経典の中心ともいえるものの中に強く出ている思想であって、『般若経』ではすべての存在はそのものだけで他と孤立しては存在できない。みな他とかかわりあって、はじめて存在が可能な「無我の存在」であるという真実。即ち、この世に存在するすべての事象は単独にそれだけの力で他からの協力ないし相互作用なしに独立・個立して存在し得るものはないということ。森羅万象はすべて互いに関わり合い、関係し合って存在しているというもので、そのものだけで他と無関係には存在出来ないとしている。
(10)大乗経典には「悉有仏性」ということを強調しているものが多く、すべての人間は仏となりうる可能性を有しているという考え方である。これは各宗派にとり入れられ、さらにありとあらゆる存在物は仏となり得るという、あらゆるものに差をつけないところの絶対的な平等観ともなっていった。

(11) 姉の天照大神が日の神を象徴しているのに対して、弟の須佐之男命は風雨を象徴するとされる。高天原に天照を訪ねるが謀反を疑われ、誓約（うけひ）をして勝ったとして悪行の限りを尽くす。これが天照の岩戸籠もりの原因となるのであるが、ここで又追放される。この後、出雲に降りてヤマタノオロチを退治し、草薙剣とクシナダヒメを得る。というように、「女性」、「男性」のいずれをも絶対的な悪としてはとらえておらず、又「善」と「悪」にしてもとりかえ出てくるのである。

(12) 高天原にいた姉の天照大神は弟の須佐之男命の秩序破壊、権威への反抗等による悪行に対して唯一絶対神のように自ら命令を出すのではなく、そこにいる八百万の神々の意志を集約した結果、総意として高天原から弟を追放した。

(13) 「十七条憲法」には、その第一に仏教及び儒教（儒学）における最も大切な「和」の概念が、「和をもって貴しとなす」として入っている。

(14) 大塚久雄・生松敬三訳『宗教社会学論選』みすず書房、一九七二年。木全徳雄訳『儒教と道教』創文社、一九七一年。深沢宏訳『ヒンズー教と仏教』日貿出版社、一九八三年他。

(15) 「諦」は真実、真理の意。苦諦（生老病死の四苦の他、八種の苦が存在することを知る）、集諦（苦の原因は真実を知らない＝無明によっておこるということを知る）、滅諦（無知がなくなった時、真実を知った時、即ち悟った時に苦がなくなる）、道諦（そのために実践すべき正しい道）の四つの真実のこと。

(16) 龍樹《りゅうじゅ》・ナーガールジュナ（一五〇～二五〇年）は「空」とは有無、いずれにも偏しない非有非無の中道たるものであるとし、『般若経』にもとづいた空の体系化に努めた。

(17) 馬鳴《めみょう》・アシュバゴーシャ（二世紀頃）、仏典のサンスクリットの先駆者として釈迦の伝記を作るとともに、六波羅蜜（智慧＝ありのままを見る力により、悟りに至る）の真義を述べた。

(18)『大学・中庸』「新釈漢文体系」、明治書院、一九六七年、二〇六頁。
『中庸』第二段第一節には「子曰く、中庸は其れ至れるかな。民能く久しくすること鮮し」とある。又、第一段第二節には「和」についても述べられており、「中なる者は、天下の大本なり。和なる者は、天下の達道なり。中和を致して、天地位し、万物育す」と中庸とともに「和」が万物を育む上での基本であることを示している。『論語』でも尭曰第二十で「允に其の中を執れ」と言っているが、こうした概念は儒家だけでなく、仏家にも道家にも共通する普遍的な道理とされているのである。

(19)教会からカトリック的残遺物、例えば免罪符（これを購入すれば罪の償いを免除される）のような世俗的なものを排除し、聖書に従うことによってこれらをピューリファイ＝浄化しようとした。

(20)『旧約聖書』「創世記」（エデンの園）、岩波書店、二〇〇四年、八頁。

(21)『旧約聖書』の「創世記」に、まずイブが蛇にそそのかされ、次にアダムがイブにそそのかされて禁じられた木の実を食べる。その結果神に罰せられ、あらゆる生の苦しみをもつに至ったと記されている。ここから、パウロは（ローマ人への手紙の中で）ひとりの人の罪がすべての人に及ぶと述べて、神の造った世界の中に罪と死と、のろいが入り込んだとした。これは人がおかした最初の罪（根源的な罪）であると同時に、以後人間に遺伝的に相続される罪だとされた。

(22)『旧約聖書』「創世記」（エデンの園―破戒と追放）、岩波書店、二〇〇四年、九頁。

(23)前掲書、八〜九頁。

(24)『新約聖書』「ヨハネによる福音書」一四章六節、中央公論社、一九八三年、二一一頁。

(25)『新約聖書』「マルコによる福音書」一章一五節、中央公論社、一九八三年、七〇頁。

(26)『新約聖書』「マタイによる福音書」五章一二節、中央公論社、一九八三年、一四頁。

(27)『新約聖書』「マタイによる福音書」五章三〇節、中央公論社、一九八三年、一六頁。

(28)『新約聖書』「ヨハネによる福音書」一四章六節、中央公論社、一九八三年、二一一頁

(29)『新約聖書』「テトスへの手紙」二章一三～一五節、中央公論社、一九八三年、四四二頁。同、「ピリピ人への手紙」三章二〇～二一節、中央公論社、一九八三年、四〇四頁。

(30)サンスクリットのサットヴァ（sattva）の漢訳であるが、サットヴァとは存在するもの、即ち命あるもの、生きとし生けるもの、一切の人類や動物のこと。仏教では救済の対象を一切の人間、いのちあるすべてのものに置いている。仏教の万人主義（全世界、あらゆる場所の衆生、こころあるもの、たましいをもつもの）を救済しようとするもの。一切衆生（『法華経』の一乗思想・全部一つの乗りものにのれるよう）をうけて、すべての衆生に成仏（真実を知り、仏となる）可能性があるとした。仏陀は人間の素質や能力に応じて種々の説（三乗）を説いたが、それらは人々を導く方便にすぎず、実は唯一の真実の教えがあるのみで、それによってすべては平等に仏に成ることができると説いた。

(31)『旧約聖書』「出エジプト記」一九章五～六節、岩波書店、二〇〇四年、二〇五頁。神とイスラエルの民との間に、モーゼを通して立てられた宗教的秩序・契約のこと。ここでは十戒の命じることを遵守する義務がその中心となっている。

(32)『新約聖書』「ローマ人への手紙」五章一二節、中央公論社、一九八三年、三〇六頁。

(33)『論語・孟子・礼記（抄）』「中国古典文学大系」、平凡社、一九七〇年、五七頁。

(34)伊邪那美命の死が最初の死として『古事記』に出てくるが、これは火の神を生んだことによる病死であった。

(35)『古事記』「日本思想大系」、岩波書店、一九八二年、二九頁。記紀に示されている死後の世界のこと、ここには穢があるとされている。上（高天原）と中間にある現実の世界（豊葦原中国《なかつくに》）と下（黄泉国）とが存在してい

ると考えられた。

(36)『旧約聖書』「創世記」(エデンの園)、岩波書店、二〇〇四年、六頁。

(37) 前掲書、四頁に「神は自分の像に人を創造した。神は彼らを祝福して、彼らに言った。『生めよ、増えよ、地に満ちて、これを従わせよ。海の魚、空の鳥、地を這うすべての生き物を支配せよ』」とある。

(38)『書経・易経』「中国古典文学大系」、平凡社、一九七二年。『易経』の宇宙観、世界観としては、すべては二つのもつ性質(陰と陽)とによって成生、発展するものとされている。そしてそれとの調和がとかれている。(周易上経「乾」以下、三七五頁～)

三、キリスト教と近代合理主義

1、西欧文明とキリスト教

(1) 宗教改革と「近代」

「特殊」と「普遍」、これは永久のテーマであると同時に「特殊」もつきつめていけば「普遍」となる。西欧における文化・社会はこの「普遍」を求めつづけてきたものであり、そこから唯一絶対の価値観が生じてき、合理性、効率性、論理性、整合性などがその中心概念となってきた。こうした、唯一絶対・普遍性を求める「西欧文化」は、キリスト教文化、さらにさかのぼればヘブライ文化となり、旧約聖書の時代、パレスチナ（イスラエル）の地にいきわたったものであった。旧約における神は強力な権力と力とをもった支配者であり、意志的な行動原理にもとづき、目的志向的である。神の性質は理性（ロゴス）であるととらえられているため、論理及び思考の働きが優位なものとされ、宇宙は創られたもの、合目的的なものととらえられている。

こうして「唯一」と「絶対」とは旧約以来キリスト教精神の中に強力な信念となって形成されていくと同時に、究極者神の超越的な唯一絶対の存在と正しさ、権威とは政治的にも大きな求心力を持ち、人々は神の名の下に戦争を行い、政治的行動を正当化していくことにもなった。近代社会という時、それはキリスト教から導かれた多くの特徴をそなえている。そしてそれは宗教改革による聖書中心主義、聖書至上主義からくるところの非常に強い原理主義を導くとともに、いかに生き、いかに救われるかも聖書、すなわち神によってのみ伝えられ、なされるものとなった。

しかし、一切の組織及び権威からの独立と、個々ばらばらになったものが、自らの意志と責任の下に聖書（神）とむすびつき、神という超越的なもの、絶対的なものの前でひたすらその恩恵にたより、その福音（審判）を待つということは、人間の無力を示すことでもあった。そして又信仰にのみすべてのよりどころを求めるというところから、神の前においては何人も等しく、平等であるという精神も培っていった。こうして中世的村落共同体は解消されていき、教会という組織からも解き放たれた個々人は、個人という一つの「個」としての存在となり、自由かつ平等に行動できるようになった。

一方、近代の合理主義はデカルトの「方法」[1]にも示されているように証明可能なデータの下、それを物理的、又は数学的演繹によって証明し、その事実に絶対的な信頼性とともに理論的斉合性を求めていった。そして、その厳密性、精緻化のためには多くの要素が排除されると同時に、数量・数値化して事物をとらえようとすることは自明の理となった。

こうした「近代」的な思考方法、科学的方法論はこの後、物理学・数学より発して、社会科学的、人文科学的分野にも貫徹されていき、特に経済学の分野においてはその方法は大きな影響を与え、近代及び現在の経済学に受けつがれていった。「近代」はそれまでの教会権力の下で宗教の僕となっていた学問を解放したのであるが、近代合理主義及び科学主義による学問体系の分割・整備は、学問・研究の境界をせばめ、総合的判断、学際的なとらえ方を排除していった。そして科学主義という方法によって客観性を重視するあまり、その他の要素をすべて捨象するという手法がとられるようになったのである。

こうして経済学は近代以降社会科学へと向い、それは又「科学」である以上、経済現象の客観的な記述を要求されるものとなった。そこで経済学も仮説を設けて演繹を行い、命題を導いていくという「科学」主義をとるようになった。しかし、それらの経済学がいかに科学的には優れた方法であり、その結果導かれた理論であっても、それが現実の世界と現象とを必ずしも分析し、解決するものとはなっていないということは往々にして存在している。

それはそれぞれの理論が、個々独立したかたちでは仮説、演繹、検証のプロセスを経てきたものであっても、それらが総合された時、そこに全体としての意味をなさなくなっているからだといえる。それは経済学があまりに細分化され、一つ一つにおいては科学的方法による論証と理論が構築できたとしても、全体としてそれを総合することができないための欠陥だと言うことができる。そしてそれは、先に述べたような科学的方法自体の中に孕まれている問題点によるものでもあった。

唯一、無二の経済学の存在はあり得ないと同時に、そうした「方法」もあり得ない。相対主義的な視点の大切さと同時に、ある経済学、ある理論がたとえ「科学的」な方法でなされたものであったとしても、それはその時代、及びその社会の文脈と要請とにかなったものでないかぎり、リアリティーを持たないのである。アダム・スミスは重商主義を批判し[2]、古典派経済学をうちたてた。一方世界恐慌を体験したケインズは古典的自由主義を批判した[3]。この両者とも当時の社会的文脈と要請の下ではリアリティーを持って迎えられたのであるし、それはマルクス主義においてもしかりであった。当時おかれていたロシアの状況の下では、それこそが社会的な文脈の下での要請であった。

その意味においては経済学はその時代及びその時代の状況を如実に反映するものであり、その時代的要請を最も強く受けているものであるといえる。そしてそのためには「全体」が必要であり、その時代、その社会「全体」の中で「経済学」がその全体の求めるものに応じられるものでなければならない。したがってそれは唯一絶対の理論でもなければ、ある一部分の「完璧」な論理でもない。その理論が全体として機能し、その社会の中で有効にはたらかなければ意味をなさない。そしてそれをつくっているものの最小の単位は人間であり、その人間は決して「人間」としての共通の部分だけではくくれない要素を持っており、その部分によって動かされるものが社会を大きく変えているといえる。

「近代」が求めた科学は、「近代社会」の求めた「個」の独立、「個人主義」と同じ方法をもつ。即ち最小の単位のもつ共通項をくくり、それが不可能なものは捨象してしまうというところから出発した。それゆえ数量化できないもの、同質的でないものはとりはらわれてしまったため、人の「こころ」の入らない経済学及び社会現象の分析となってしまった。そこに、理論では斉一性があり、整合性のあるものでも、社会の現象を解明する役にはたち得ないということが生じ、唯一絶対の理論も「時間（時代）」と「空間（国家、社会）」とによって全く逆のものともなった。

フランシス・ベーコンは経験的観察、即ちデータの蓄積によって経済現象に関する知識は拡大深化するといい、デカルトはそのための方法（真理に導くための方法）としてまず第一に明晰判明なものだけを真として受け入れることとした。これらは近代社会の中心的考えであり、近代科学主義を導いたものであるだけに、西欧における中心的な概念であるといえる。この精神は当然経済学に受けつがれ、近代経済学の成立となった。そしてここにおいて成立した「経済学」、「理論」は普遍的なものであり、それゆえにいかなる「時代」又は「社会」の下でも唯一絶対の真理であって、いずれはすべてのものがこの下に従うことになると信じられた。

近代社会がつくり上げたこのような「客観性」、「普遍性」への神話は、当然それを最も体現しているところの自然科学へのあこがれとなって現われ、ひたすらそれに近づく努力をするようになった。それは当然、客観性、普遍性へのあくなき追求であり、帰納主義、論理実証主義的な方法であった。しかし社会科学においては時間と空間とを超越したような理論はあり得ないし、あり得なかった。それどころかたえず「時代」と「社会」の価値規範に規定され、その時代とその社会との価値観と一致した理論がその時代の「普遍的」とされる理論となったのである。

経済学における最も中心的な問題、「市場」と「政府」の関係においても、それはその時代の要請、又は経済理論と現実の問題との「ずれ」によってたえずゆれてきた。アダム・スミスの古典派経済学から新古典派を経てケインズ経済にうつって一八〇度の転換をしたのであるが、今又、そこへの回帰がはじまっている。それはマルクス経済学においても同じである。それらはその時代の求める価値観を現しているものであり、没価値性を求めつつも、その時代の価値観を表すものであった。新興ブルジュアジーの価値を表したアダム・スミスも、自由主義経済が最適な体制であることを示したかった新古典派の経済理論も、資本主義を護るために努力したケインズも、そこに社会の価値観とともに自らの価値観がはたらいていたことは当然のことである。そして近代の経済学はこのアダム・スミスの「神の見えざる手」(4)の存在を数学的に証明し、市場機構がいかに最適な資源配分の機構であるかを示すことによってはじまり、それが結実したものが新古典派の経済理論であった。

(2) 近代科学主義と「近代経済学」

これまでみてきたように「近代」のもつ価値体系は多くの学問の中に浸透していき、それが又、文化・社会を規定することとなった。それは経済学においても近代科学のそれと同じ手法となり、特に物理学者、数学者によって、それらの方法を用いての経済現象の分析となっていった。即ち、近代が社会の最小単位、構成要素を「個人」としたように、そして又物理学、数学等の自然科学においても当然その最小単位である原子・要素を積み重ね、その数量的な分析によってその世界を説明しようとしたように、社会も「個」の集計として理解しようとするようになった。そしてそれのみの、即ち計算し得るもののみの集計により、経済現象の分析は可能だとしたのであった。経済学は物理学・数学で全部解きあかせるようになった。

それは社会における「個人主義」を物理の世界で応用し（物質の究極的単位を原子とし、あらゆる物理的現象をこれに還元）、さらに経済学に応用したものであった。だから「経済人」(5)という、あらゆる特殊なもの、数えることの出来ない個人的な感性（こころ）などを捨象したところの、全く抽象的な「経済人」というような人間が生まれてきた。そして経済学がほとんど自然科学と同じような原子論的、数量的分析による理論として完成していったのは一九世紀末の頃であったが、これが最も大きく花開いたのは二〇世紀の中頃であり、それはアメリカにおいてであった。それはアメリカが新しい国家を建設するにあたり、最も純粋に西欧の「近代」の価値観を導入したからであり、それ以外の一部の伝統的なしがらみや多様性等を持ち得なかったからだといえる。

そうしたヨーロッパ近代の最も大きな特徴である「合理主義」が社会のあらゆるところに浸透し、最大の価値観となったことにより、即ち社会の契約、人間の関係等すべてにおいて合理性が貫徹したことにより、合理主義的個人、即ち「経済人」が生まれ、その人々の集合としての「社会」、及び「経済人」たちがつくり出す経済現象は、その分析においても証明においても、そして又予測や調和においても可能であると思われるようになった。そしてここでの「個人」はみずからの「効用」が最大となることのみを求めて行動する合理主義者とされた。当然ここには人間の「こころ」又はそれぞれ異なっている「好み」等の要素は入ってはいないし、入りようがない。入れようがないもの、数量化できないものを捨象したからこそ、「純粋」に数理的な分析が可能であったのであるし、その意味において「普遍的」な理論の構築が可能だったのである。

人間の性質又は要素の一側面においては全く真なる命題が検証されたとしても、自然界または物理的世界とは異なった「感性」という、計量化できないものによって動かされている、あとの半分以上の部分の理解を欠いた理論は、政策決定においてもどこまで有効性を持ち得るであろうか。そしてこの理性（合理性）または感性（こころ）の両側面における強弱の違いもまた、民族・国家によって異なるところでもある。「経済人」という人間の合理的側面をより強力に導入した欧米社会の内には、それを容認する社会、文化的土壌がそなわっていたといえ、それが西欧のキリスト教および近代主義（科学主義）であったといえる。

アダム・スミスは交換において「慎慮」又は心の中での「公正な観察者」[6]の必要性と、それによって自ら規制すべきであることを力説した。ここでは経済の中に充分倫理が入っており、それのもつ重要性が強く述べられている。マックス・ウェーバーも西欧の資本主義の発展に対し「プロテスタンティズムの倫理」の影響を強く述べた。経済学はたしかに「絶対的希少性の中における相対的豊饒性の探究」[7]だといえる。しかしアダム・スミスの時代には「自然界」に対する「道徳界」があり、「道徳界」の下での豊かさの探究であった。「経済の道」は「人の道」でもあり、そうでなければならなかったし、それは生命的豊かさの実現のためのものであった。

一国の経済は政治と道徳との関係において成り立ち、又その関係において考えられなければならないし、それらは分割することが不可能なものである。中でもその中心にくるべきものは「道徳」であり、その上に政治も経済もあるべきだといえる。しかしこれは「近代」の概念分析的な論理の枠をこえているものであるだけに、そして又それらはこれとは全く逆の全体的直観的な論理であるために、近代が進むにつれ、即ちスミスの時代が下るにつけ、それらは「実在の論理」から「思惟の論理」に、「相互律」から「自同律」へと変わっていき、経済学の理論の中からはずされるようになっていった。

それは先に述べた近代の要素還元主義という科学的方法によって、学問においてもより細分化されていったため、政治経済は政治学と経済学とに分かれ、道徳と経済学においても経済学は道徳から切り離されていった。スミスの時代、即ち経済学の出発の時代においては当然経済学と倫理学とは車の両輪であった。この二つの輪の下での「豊かさ」の追求であった。スミスは経済学の祖といわれているが、この時代スミスは「道徳哲学」(8)を第一に求めていた。それを倫理学と法学とに分けた時、倫理学にあたるものが『道徳感情論』であり、法学にあたるものが『国富論』であった。国富論はそれが内容的には経済が中心となっていたために、経済学の基とみなされるようになったのである。

スミスはこの時代「孤立的諸個人」から成る「契約国家」という人間観と国家観に対して、社会関係の中にある「個人」及びその文脈上での国家を求めた。それが道徳哲学であり、そこにおける「同感」の理論であった。

したがってスミスのいうところの「利己心」とは多数の観察者、即ち公平な観察者からの「同感」を得られる範囲内においてのものであり、決して「利己心」の乱用を許すものではなかった。スミスにおいてはこのように「利己心」に対しても、それを抑制するものを社会関係、又は自らの道徳心の内に求めようとするところがあったのであるが、この後の「近代」という時代の中においては「契約」と「法」という、国家による秩序維持の道を求めるようになっていった。スミスのいう「公平な観察者」と「同感」の原理がはたらかなくなった時、それを第三者の手（国家等）にゆだねなくてはならなくなったのも当然の帰結だといえる。

(3) 経済学と「倫理」

スミスの時代には経済学の中に道徳があり、良心があった。そしてスミスは経済学の師である前に道徳学の師であった。スミスは「利己心」を利害関係のない第三者が同感してくれる範囲でと述べており、そうした他者の目をくり返しくぐりぬけてくる中で自制心がおのずとつくられ、自分自身を客観的に見る目が生まれてき、それが「良心」となると考えた。したがってスミスの求めた道徳とは社会の中での暗黙の合意であり、それは「理性」とともに「感性」をも融合させたものであった。そして又それは、まだ「近代」のもつ理性的分析的原子論的なものではなく、人間性（「理性」とともに「感性」をもったもの）を総合的にとらえようとしたものであり、科学的というには少々遠いかもしれないが人間的なものであった。そこには「市場」の中の無数の人の「同感」という、市場の価値観の中に感情及び経験論が入っており、主観的な価値をふくめた価値評価ともなっていた。

こうしたとらえ方に対して、今日ある状態は効率性の追求または唯物論的なとらえ方のみにかたよってしまったために、効率性を追求してきたところの近代経済学の方向においても経済現象を適格にとらえることができず、多くの経済的困難をもたらしてきた。また唯物論を中心に理論化した社会主義経済学においても多くの国で経済的破綻をきたしている。そしてこのふたつとも西欧「近代」のもたらしてきた所産であるといえる。西欧近代の知的合理主義は自らのもつ論理にあわないものは排除してきた。人間と自然においてもその人間優先主義により、自然を征服し、世界の中心に人間をおくとともに、自然界をも人間にとって有用なものに改造してきたのであった。しかしこうした論理が自然環境を破壊し、他の生物体系に重大な影響を及ぼしてきた。

このように近代の個人主義、自由主義は地球全体を守ることをむずかしくするとともに、世界に存在するあらゆるもの、自然も国家も政治も経済もさまざまな「関係」の中でこそ存在し得るのだということを見落としてきた。人と自然との関係にしろ、国家間の関係にしろ、政治と経済との関係にしろ、それが「一つ」だけで存在し得るものは何もない。経済は今日、方程式であらわすことができるような事象、即ち合理的選択モデルだけを対象とし、政治的・文化的側面または人間の感性的側面を排除してしまうため、社会的な問題解決ということからは無関係となってしまう。それゆえ経済政策は理論的には可能であっても、それが政治との関係において成立するものであるかぎり、その実現と有効性にとっては政治を無視することはあり得ないし、それは政治の側においても同じである。経済をぬきにした政治は決してあり得ず、国際関係の場においても同様である。

歴史的にも空間的（地理的）にも、すべてをおおいつくすことができるほどに普遍的な文化はあり得ない。それは近代という時代、欧米というキリスト教国において固有のものであって、いかなる時代や異なる社会においても「絶対的」で「唯一」の普遍的なものではない。

西欧のキリスト教文化とその近代化の過程とにおいて、理性及び自己を客観化する視線とが近代の個人主義と近代市民社会を成立させ、科学技術の発達を促してきた。しかしロゴス・理性の分離とそれへの傾倒とは、科学的なものの見方、方法とを大いに前進させた反面、ものごとを「総合的」、「統一的」に見る見方を後退させ、理性に対して感性を分け、理性を優位にしたように、一体的なものから対立的なものへの見方を生み出してきた。

近代は文化を国家の支配下におき、ダーウィン的な進化論は弱者を強者が淘汰する理論となった。しかし今、これまで排除してきた文化との共存、又は共生が求められている。なぜなら地球の環境問題他は東洋の自然観、即ちあらゆる生命に尊厳を求める思想、自然の知恵と和解し、宇宙の全体と同一化するような思想が必要となっているからである。

これまでみてきたように、「理性」に対する絶対的信頼と近代自然科学の発達は、「実験」という手法を通して帰納的に推論するという「方法」を発見することによって、自然現象の中に貫徹している法則性を探究させていく学問を急速に発展させていった。観察に基づく経験的事実からの帰納的推論という方法は、社会科学にも強烈な刺激を与え、対象をより細かく分割し、分解することによって共通性や一般性を見出そうとする分析的方法によって、対象である総合体としての社会現象そのものを細かく分割・分化するようになった。その結果社会現象は多くの分野や側面に分割され、純化されることによって法則性や規則性が発見されるようになった。こうした方法により、それぞれの側面や領域は静止したものとなり、その側面や領域における規則や諸要素間の連関性は単純な形式として析出することが容易となり、社会科学さえ法則科学として進歩していくこととなった。

ルネッサンスとともに人間の理性が謳いあげられ、人間の理性に対するゆるぎない信頼と確信とは、理性的な人間が形成する社会は自律的に秩序を維持し得るという近代の自然法の思想を生み出した。このような社会の自律的法則や秩序基盤を体系的に解明したものが先にみたイギリスの道徳哲学であり、フランスの社会哲学、ドイツの法哲学であった。しかしこれらはいずれも「哲学」と名づけられているように、理論的な研究と倫理的な実践とをあわせもったものであったものが、一九世紀に入ってから自然科学同様、多くの社会科学に分裂していき、社会を一つの客体として対象化し、どのような自律的法則を持つかの解明と、その法則の一般化とにつとめるようになった。こうして「哲学」より「悟性」による認識が一層重視されるようになり、神学から形而上学へと進んでいった人間精神は、さらに実証的知識へと進んでいった。

2、法概念における論理実証主義と経済学

このような実証主義的な世界観により、法概念においても「自然法」は客観的に基礎づけられない単なる主観的価値判断として批判の対象となっていった。そして法実証主義の下に「法」と「道徳」、「ある法」と「あるべき法」との間にも必然的な関係は存在しないことが強調された。法の妥当性の問題と法の道徳的善悪の問題とは区別されるべきとされ、自然法学はそれが方法的に認識し得ない法の絶対的価値を語るがゆえに否定された。そして道徳は基本的には主観的かつ不合理なものと考えられ、道徳的判断の主観性と法的判断の客観性とが対比された。何が法であるかは原則として客観的手段によって確立され、道徳的判断はいかなる方法によっても確立し

得ないとした。こうして法の本質は非本質（自然とか事実）より切り離されたのであった。

これによって日常的自然的態度は自覚的科学的態度へと変えられていき、常識（又は現実）における法観念は捨てられていった。そして理性と経験とによって確証され、実証されたものだけを法とし、常識、道徳、正義、倫理等は非科学的として法の概念から排除し、人間の意識によって作為された法のみを法として認めた。そして法律学は他の分野との関連性において切断することによって独立した法律学が確立していった。一方科学を経済の領域に適用したのは先にみた新古典派同様、ケインズ経済学であった。ケインズは経済現象の中でも計量可能な側面のみをとり上げ、それらを量と数式で表した。こうした人間の理性を絶対とする思想はデカルトの「理性とは明示的な諸命題からの論理的な演繹である」に遡り、それ故、明晰かつ確実な諸命題からの論理的演繹が不可能なものは真理とは認めなかった。

こうした理性を絶対とするところから科学に対する絶対的な信頼が生ずるとともに、これらの方法により社会科学においても自然科学同様、法則のようなものを社会発展の中に発見しようとした。こうした法則性の発見により、現在の正確な把握の可能性とともに、将来の予測も可能だとしたのであった。このようにして理性の「絶対視」が科学の絶対視となり、社会科学の分化を促進していった。ニュートン以来自然科学は神学体系から解放されたのであったが、その後社会科学者達は「神学」に変わるものとして「理性（ロゴス）」[9]をそこにおき、自然さえも中世における神の作為としての存在から、理性の作為の産物としてとらえるようになっていった。

西欧においては先にみた法意識においても、それは旧約聖書の法の特徴を受けついだものであり、そのもとは「律法」という個々の「指示」を意味するものから生じたものであり、その基本的思考方法は、歴史は絶対者の意志により一方向に進むというもので、それは必然的なものであった。そしてその絶対者との契約に基づく「指示」が法であり、それは旧約聖書に示されているように、ヤハウェの神は常におのれ以外の神への崇拝を許さないということと同時に、「契約」で結ばれているものであった。

モーゼの律法にもあるように、神はイスラエル民族が彼のみを崇拝しているかぎり、イスラエルを守ろうとしたのであるが、不義なもの、神の意に従わないものには死をもって与え、おのがあだには報復もし、おのが敵に対しては憤りをもいだいた。これは「契約」というものと唯一絶対とに対する強い態度であった。

一方、東洋における究極者は唯一絶対の神ではなく、共同体の調和統合をはかり、共同体内の緊張緩和をするような存在、総宰者的な存在である。それは独自の意志及び目的を持つものではなく、「場」における心理的緊張を表出し、和らげ、解きほぐすという情動性に求められており、基本的な行動様式も情緒的となった。又普遍的な価値よりも、たえず二つのものの「関係」の中にリアリティーを求めようとする相対主義の立場に立つため、行為における、状況への適合のあり方も個々に設定されることとなり、行為規範も相対的なものとなった。したがって規範の規制力は弱く、柔軟性に富んだ、感性（こころ）に中心をおいたものであった。

宇宙においてもそれは神のつくったものというよりは、所与のものとしてとらえられ、自然とは「自ずからそのようになっているもの」のことであり、意識や努力という外からの手が加わることのないもののことをいった。したがって万物の主宰者、創造者は存在せず、万物はそれぞれの内なる働きによって生まれたものであり、それゆえ何物にも規定されることのないものであった。宇宙・天という言葉においても、それは万物を総括することばであって、万物はそれぞれが天であり、万物の上でそれらを支配するような存在はあり得なかった。万物はそれぞれ存在の根拠をもち、他者の介入を受けないからこそ自然なのであり、万物の創造主も主宰者の存在も、物の生成の原因もないところに「自ずから爾る」[10]ところの自然があった。したがって自然とは「万物の自然を輔けて、敢えて為さず」[11]が本来の東洋の自然観であり、万物のうちにそなわる自然の動きを助長することこそあれ、西欧のように理性＝神の意志（後に人間の意志）によって征服するものでもなければ、改造するものでもなかった。

このように東洋、特にタオ（道）における自然観とは、人為を加えない、ありのままの自然の世界は混沌としたものであり、渾然一体のものだとしたために、事物は決して差別（善悪、是非、美醜等）することも、二つに分けることもできないととらえられていた。したがって自然の世界においては美も、醜も、善も悪もなく、すべては人の価値観においてのみ分けられるものであり、相対的なものであるとした。それゆえ二分してとらえる方法、対立的にとらえる方法は人為を加えないかぎり、本来生じ得ないものであった。そしてあらゆるものを無差別にあるがままにみとめ、万物を温かくつつむ心が万物斎同の精神であった。

又、自然はそれをつくった神の存在を持たず、その意味での神は存在しない。したがって自然そのもの、自然のいとなみそのものが神性のやどったものであり、自然界の法則[12]のようなものであった。これは後に儒学における天の思想にもなるのである。

東洋においては自然または自然現象を総称する場合には「天」ということばをつかい、万物のうちに存在する道、道理のことを天道、天理といった。そして「天」はキリスト教のロゴス（神のことば）とは異なり、ことばを出して命令するものではなく、非人格的なものであり、自然現象の「道」あるいは「理」[13]であった。それは春夏秋冬の規則正しい循環と恵みの内に存在するものであり、その意味において自然は偉大であり、万物の生命の源でもあり、その自然の営みに従うのは当然であった。ここにキリスト教におけるところの自然を「ことば」によって神自ら、目的と意志の下につくったとするものとは大きな隔たりが生じた。

キリスト教が「ことば」(ロゴス)＝理性＝真理とし、それが最高のもの(一番最初のもの)であるとしたのに対して、東洋の思想においては「ことば」は基本的には大きな役割を与えられてはいなかった。それは仏教の中の禅宗の教義において最も顕著に現れている。すなわち、真理は「ことば」や文字では表現することができず、心の本性を体験的に直観することによってのみ把握でき、心のふれあいの中からのみ伝えることができる、というとらえ方は東洋の思想全般に通じるものであった。ここではありのままの真理は「ことば」や文字では伝えられないということとともに、「ことば」はありのままの事実、自然さえもそこねてしまうものだ、とするものであった。

キリスト教における「ことば」がものごとを分化し、細分化していく役をになったように、そしてそれが後の科学主義をもたらし、その方法を生み出すと同時に、本来不可分なもの、一体であるべきものを分化し、それぞればらばらにしていったように、「ことば」のもつ機能は一つのものを二つに分け、対立的にとらえさせる力を持っている。これがキリスト教の「ことば」＝ロゴス＝分ける、という力となったのであるが、ありのままの自然界は本来一体不可分のものであり、無差別であるにもかかわらず、「ことば」は必ず事物を二つに分割し、対立的な概念を生み出すこととなる。「真」といえば「偽」が対立物となってあらわれ、「善」といえば「悪」との関係において「善」があることになる。しかも「ことば」には伝えられる範囲という枠があり、この枠内における事実、又は限定された事実しかとらえることはできない。

したがって「ことば」はありのままの真実を伝えることはできず、単なる手段にすぎず、これを解読するには体験的な直観しかあり得ない。それは心で直観すること、即ち以心伝心しかあり得ない。そこでは「ことば」も文字もむなしいものとなる。それは儒学の精神にも道教（タオ）の精神にも通じるものであり、キリスト教のもつ西欧思想のロゴスの精神に対する東洋思想の核心であるともいえる。キリスト教における唯一絶対の思想が神の精神を「ことば」と同一とみなすほど「ことば」を絶対視し、その中に真実をみようとし、それを最高の位におこうとしたのと対極的に、東洋の精神においては、「ことば」は「非言非黙」即ち「ことば」をもちいながらも「ことば」にとらわれず、実在のありかをさがすための一助でしかなかった。これは『「荘子』（田子方篇）[14]、『論語』（里仁篇）[15]に出てくる孔子の態度でもあった。

こうした「ことば」及び「文字」に対する否定的な思想及び自然に対する万物斎同の思想は、法意識における大きな相違とともに、社会科学的方法、科学主義に対する否定的な価値観（アンチテーゼ）となって現れた。それは西欧の法治主義に対する徳治主義であり、近代の経済学の分化と精緻化とに対する「経世済民」[16]の思想であった。ここでは概念的な考え方の無意味さをとき、リアリティーとは純粋な「あるがまま」の姿で体験されるものだとした。そしてすべては相互依存、相互相資の関係にあり、独立絶対の実体はないとするところでは「法」意識においても、その根底には善悪を明確に分けること、及び文字による法治主義への懐疑があった。ここでは自然のルールが即ちモラルであり、自然法に基づく法が「法」であった。

西欧と東洋との法概念の上での大きな相違は西欧における「法」が正義の理想を代表するものとされているの

に対して、東洋ではできるかぎり用いることのないことこそ理想とされていた。西欧のキリスト教の神・及び神の「ことば」はそれ自体がロゴスとして真理を表し、それを明示的に述べたものであるため、善と悪、義と不義とを分別し、悪や不義をとりのぞき、善と義とを「ことば」又は「文字」によって明らかにするものであった。キリスト教における神は唯一で絶対的な善、力、創造力、支配力をもって人を従わしめているために、そこにおける神の「ことば」（ロゴス）は絶対的な真理であり、それ以外のものは悪となり、排除されるべきものであった。その意味では神はこの世を創ると同時に、そこにある性質のうちの一方を「良し」とし、一方を「悪しき」ものとしたのであった。そして神は「悪しき」ものを厳しくこらしめ、守るべきものを「律法」として示したのであった。

これに対してそうした唯一絶対の神をもたない東洋においては、人も神も、天も地も、森羅万象あらゆるものが調和的な宇宙の有機的な部分を構成しており、それぞれは自らの与えられた所において重要な社会の構成要員として自己の利益を、中庸[17]の精神と謙譲の態度をもって抑制し、究極者は世界（宇宙）の調和に資すべきものとされてきた。人間間の調和は宇宙の調和と結びついたものであり、自然的秩序に従って平和に生活を維持することこそ最も望ましいものであった。したがってそれらをこわすような紛争が生じた時、最も大切な方法は白・黒を決することではなく、そしてまた勝者と敗者とをつくることでもなく、調和が回復されることであった。

従って法または法による裁判はあくまでも社会的秩序を回復するための副次的な方法であった。ここで真に求められているものは伝統的に調和を求め、つくり上げられてきた「不文」（ことばによらない）の行為規範に従うことであり、それをめざして和解することであった。それは裁判による白黒の決着ではなく、即ち自己の権利の主張により互いの不調和をより激化させることではなく、中庸の精神の下、ある程度の譲歩をもって平和的に和解することを求めてきた。これが儒学の求めてきた政治原理であり、人倫の思想でもあった。

東洋または儒学における最高の政治原理は、君主が身を修めることによって国民に範を示すこと（修身斉家治国平天下、『大学』）であり、自然的秩序と人間秩序との調和をはかることであった。そしてその中心となったものが「礼」であり、礼とは「人倫」ともとらえられるものであり、宇宙の調和に適するもの、社会の善良なる秩序に合するもの、人の道、道徳上なされるべきものであった。したがって君主のとるべき道、最高の理想とは全体の均衡と調和とをもとめ、互譲するところの中庸の精神でもある。そしてこの「礼」こそ「法」にまさるものであった。

3、儒学的世界観と新しい社会科学

キリスト教及び西欧の宇宙観、人間観においては宇宙及び人間は神によって造られ、宇宙にも、人間にも神の意志と目的とが働いていたにもかかわらず、人は罪をおかし、神にそむいた「罪人」であった。しかし東洋のそれは各人は道徳的自律機構をもつ小宇宙であるとする観念により、法的強制なしにも調和的共存を保てるものであり、それがくずれた場合においてのみ調和の回復をめざして人の道を喚起しようとしたものが法であった。又、キリスト教及び西欧の論理はロゴス（ことば）によって厳密に区別され、分析的に精緻化され、諸要素に分割された上で論理的整合性を持たせたものであり、法解釈であった。これにたいして、東洋におけるそれは一方の白に対して一方を黒とするような対立的な論理よりも、即ち勝訴もしくは敗訴という論理原則よりも、もっと自然的な状態、さまざまなものが雑多に入りまじっている状態を前提とし、その調和的な和解を求めるということの方を優位としてきた。

こうした善か悪かではなく、その両者の入りまじった渾沌とした世界から、調和を維持するための秩序、即ちあるべき姿を求めていこうとしたのが儒学であった。東洋の精神の中には唯一絶対の神は存在しないし、それは儒学においても同様であって、そこにあるのは宇宙万物の総宰者としての「天」である。したがって儒学においては「神」に対しては合理的に処しており、季路が孔子に問うた鬼神へのつかえかたに対しても、孔子は「いまだ人に事うる能わず、焉んぞ能く鬼に事えん（『論語』先進篇）」と応えており、人としての道をきわめ、励むことこそ最も大切なことであって、何より先にせねばならないことだとした。そこで神に対しては「怪力乱神を語らず（『論語』述而篇）」、「民の義を務め、鬼神を敬して之を遠ざく。知と謂ふべし（『論語』雍也篇）」と語っているように、鬼神（死者の霊魂と天地の神霊）に対しては絶対者、全能者としてはとらえておらず、天または天道（天の道理＝大自然の理法）の存在と、人間の努力こそ大切なものだとして、現在生きている人間のあるべき姿（道・人倫）と、それへのたゆまぬ努力とを求めてきた。

こうした神へのとらえ方、接近の仕方はキリスト教者が全能者としてその「ことば」に全面的にすがり、それを絶対的なものとして倣い、世界観をつくり上げてきたこととは大きな違いがある。ここでは神のことばのみが絶対であり、真理であって人は罪人または僕であった。したがってその「ことば」に従うものであれば、また神が目的としたものであれば、それは全て善であった。ここに神の意志に従うための律法ができ、近代の契約の精神とともに「法」ができたといえる。当然それは「ことば＝真理」によって明示的に成文化され、それに従うことによって社会のあらゆる秩序は保たれるのであった。これに対して儒学における秩序は、「法」よりも「徳」と「礼」とによって保たれるものであり、それは人の力と努力とによってなされるものであった。

天の道・人の道にはずれない社会と秩序の維持とに対し、孔子は法治主義を排し、強く徳治主義を求めた。そしてその社会秩序の維持のための範を示すものが「政」であり、為政者の「徳」であった。「徳」は権力または強制にたよるものではなく、人間のよき行動、天の道・人の道をわきまえた行動によって積み上げられたものであり、無秩序から秩序を回復するための中心的な概念であった。孔子においては決して法にたよらず、徳の支配と礼の回復とによってこれを遂行することをむねとした。その徳は『論語』の中では次のように述べられている。「政を為すに徳をもってすれば、譬えば北辰其の所に居りて、衆星之に共うが如し（為政篇）」、「之を道くに政を以てし、之を斉うるに刑を以てすれば、民免れて恥ずること無し。之を道くに徳を以てし、之を斉うるに礼を以てすれば、恥ずる有りて且つ格し（為政篇）」と。

孔子はこのように天上の星の調和、即ち天の道が地上の民の調和として実現することを強く求めていた。それによればこそ、法的制裁をもってするよりも、人の道にはずれることの方を恥じる心を知り、刑罰によらなくても善を行うようになるとした。こうした為政者の「徳」とともに大切なものが「礼」で、「礼の和を用て貴しと為す（学而篇）」とあるように、「礼」の実現には調和が大切であることが述べられている。

儒学においては唯一の神をたてることなく、天命を知ることが理想であり、究極の姿であった。又「徳」にしろ、「礼」にしろそれは宗教的なものでも、神の啓示によるものでもなかった。学問と修養とによってそれらは達成せられるものであり、「物を格し、知を極め、意を誠にし、こころを正しくして（『大学』）」後の「斉家治国平天下」であった。これは東洋の思想のもつ本質的な部分であるところの、宇宙的調和及び自然的秩序への最終的な帰順であり、人間関係の調和及び秩序をそこに求めようとしたものであった。

これは天道の合法則性や調和性を讃え、それをもって人の道を示したものであり、天地間の万物は相互依存関係にあると同時に、調和的に存在しているとの概念であった。即ち「可」があるから「不可」があり、「不可」とすることによって「可」が生ずるとするもので、すべてを相対的な対立ととらえているのであった。こうした相対的な対立に対して、是非を分け、善悪を明確にすることは意味がなく、結局は相対差別へとつながるものとした。ここで必要なことは是非の対立、白黒の決着ではなく、対立の和合と自然の境地への導きであり、そのようなところに法観念は入りにくいものであった。

これまでみてきたように東洋の思想は基本的には農耕社会の持つ自然観と共同体社会のものであるといえ、それは「共生の思想」でもあった。「共生」とは自然と人、人間と他の生きもの、人間同士（異民族同士）がともに互いを生かしつつ生きる思想であった。そこに必要なものは「和」と「調和」であり、すべてのものを関係的、相互依存的にとらえることであった。それには中庸（中道）、謙譲、平和的解決が一番必要であり、東洋の思想を形づくったとされる儒学、道教、仏教のいずれもが基本的にはこのような態度を持っている。そしてこれらに共通なものがキリスト教でいう創造神を持たないということである。儒学における孔子は聖人であり、道教における自然とは「成った」又は「生じた」ものであり、仏教における仏陀も優れた人、悟りをひらいた人であって神ではない。

仏教においては特定の教義を持たず、仏陀自身も自分の悟りの内容の形式化を望まなかった。それは機縁に応じ、相手に応じて異なった説き方をする必要を感じていたからであり、それは孔子においても同じであった。弟子の性質により導き方が異なっていた。又、仏教の中でも中道と和とは最高のものであり、儒学の中庸、和と通じるものを持っていた。それらは自然の営み、自然観よりくるところの無常観（すべてのものは移り変わるということと、それのみが絶対だということ）から生じてくるものであった。それは「有」にも「無」にもとらわれない「中」（空）の知恵、即ち自然体の知恵であった。大宇宙に同化した時、そこには「存在」もなければ「虚無」もなかった。すべては過去から未来へとつながる大宇宙の中に融けこんでいるものであった。

この真理との一体感は「ことば」を必要としない。キリスト教においては「ことば」からはじまり、ことばがすべてであった。「ことば」は神であり、絶対であった。それは禅においては特に「以心伝心」、「不立文字」として現れている。ここにキリスト教と仏教との大きな違いがある。キリスト教では唯一絶対の神のことばが語られ、それがロゴス（理性）であり、絶対的な真実、ただ一つの正しさであった。しかし東洋の思想では仏教においてもその状況、相手の人間性（性質や能力）に応じて法（真理）が説かれ（対機説法）、それに最もふさわしい方法がとられた。即ちそこには複数の真理が並立するのであった。唯一ということは「あれ」か「これ」かであり、これが正しいとなればあれは全く正しくないものとして除外され、ひたすら正しいとされることのみにつき進んでいくこととなる。

「中道」の思想とは全体をどう生かすかの思想であり、「両極」を生かし、共生する思想である。そのためにはその状況、その場に最も適した処理と、真実をそのまま受けとめる無我の精神と、自他平等の思想とが必要となってくる。世界は個々の国によって成り立ち、個々の国は又個々の社会、個人の集まりによって成り立っている。中道の精神はそれらを共に生かす精神であり、すべてのものを生かし、価値あらしめなければならないとするものである。それには「宇宙の大法則」に従い、宇宙の規則、真理であるところの無常を知ることからはじまり、この世にあるものの移り変わりと、永遠に固定しているもの、変わらないもののないことを知ることである。それこそが縁をもって結ばれているもの同士の共生の道を求めていくこと、即ち中道の精神であるといえる。無常であるからこそ共に生きる道を求め、励まなければならないともいえる。

キリスト教における「ことば・ロゴス」が理性のはたらきによって明示的に、はっきり分けていくという働きをもたらし、それを中心に「知」の発達と科学の発達とをうながしたのに対して、東洋における「悟」とは「差を取る」こと、即ち何ごとにつけ差別をなくすこと、分けることをなくすということであり、すべてを同じように理解できるということである。ロゴスはものごとを分け、分割し、そこからより正確に事物の成り立ちや意味を探ることに長けてきた。それは科学として、又知の探究としては大事なことではあったが、それを追求しすぎることによって部分ばかりにこだわり、全体性を失っていった。そしてそれは分ける働きにより、一方の絶対性と他方の差別とを生み出してきた。

東洋においてはこの世にはすべて二つの力、二つの性質、二つの要素があり、その二つのものの力によってすべては成り、その相互作用とバランスの下に育まれ、営まれているとする。したがってこの世には単独で存在し得るものはあり得ない。あらゆるものは「縁」と「関係」(18)のもとに成り立っており、存在するものすべてに価値がある。
西欧の思想の根源であるキリスト教はヘブライの宗教、砂漠の民を導くものであったため、非常に厳しいものであり、唯一絶対の力を持つ神と、それに従わないものに報復をする神であった。それだけに「これが正しい」とする思想、「目には目を、歯には歯を」の思想が生ずるのは当然であった。それゆえ、その後発達した文化、科学、経済学等がそのような文脈の下に成立し、育まれてきたことも当然であった。これら、それぞれの文明の発祥と文化の相違を認めた内に、それぞれの特性を生かしていくことが可能となった時、より十全なる社会の構築が可能となるのではないだろうか。

註

（1）R.Descartes, "Discours de la méthode", 1637.
（2）A.Smith, "An Inquiry into the Nature and Causes of the Wealth of Nations", 1976 において重商主義を批判。
（3）J.M.Keynes, "The end of Laissezfaire", 1926. "The general theory of employment, interest and money", 1936. において自由主義経済学を批判。
（4）A.Smith, "An Inquiry into the Nature and Causes of the Wealth of Nations", （大内兵衛訳『国富論』、岩波文庫、一九四〇〜四四年）見えざる手（invisible hand）
（5）Wolff.H, "Der Homo Economicus, Fine Nationalökonomische Fiktion, Bausteine zu einer Philosophie des Als-ob", 1926. 経済人（homo economicus）自らの利益を最大にすることだけを基準として行動する人間。

このような経済的合理性にもとづき行動する功利的な人間は個人主義的、自由主義的社会観、功利主義的な考え方を基礎としており、古典学派以後、人間を抽象化してとらえたもの。
(6) A.Smith, "The Theory of Moral Sentiments", 永田洋訳『道徳感情論』、筑摩書房、一九七三年。
(7) Max Weber, "Die protestantische Ethik und der Geist des Kapitalismus", 1904.
(8) A.Smith, "Lectures on Justice, Police, Revenue and Arms", は神学→倫理学→法学→経済学という四部門から成っていた。
(9)『新約聖書』「ヨハネによる福音書」第一章、「はじめに言があった。言は神とともにあった。言は神であった」'In the beginning was the Word, and the Word was with God, and the Word was God'.「word」はギリシャ語では logos であり、ラテン語の聖書(原典)においては logos が用いられている。ここからロゴス・ことば=神の意思=絶対的な真理・絶対的な善・絶対的な知と真実(神そのもの)=理性(最高の位)となった。
(10)『老子』第六四章。
(11)『荘子』(知北遊篇)郭象注。
(12)『列子』における張湛の注には「自然とは、外に資らざるなり」とあり、他者の力を借りずに、それ自身に内在する働きによってそうなること、又はそうであること、である。したがってここには万物の主宰者、造物主、創造者はおらず、万物はそれらの規定に従うことはないとした。万物の主宰者の存在とそれへの服従と支配を受けることに対し強く拒否するとともに、万物はそれぞれに存在の根拠をもち、他者の介入を受けない。こうした宇宙の主宰者の否定とともに、万物は即ちみな「天」であるとし、天は万物の総称であり、その万物に固有の根拠(道)が即ち「天道」であった。
(13)『朱子語録』安藤吉雄他著『朱子学体系I朱子学入門』明徳出版社、一九七四年。「理」は後の朱子により体系化された概念であって、万物の自然法則（物質を構成する原理）「物に就きて其の理を窮むる」、「一草一本一昆中の徴に至るまで各亦理有」であった。

(14)「目撃して道存す」。孔子が温伯雪子を訪ねたおり、一言も発せず帰ったことに対する弟子の質問に対してのべたことばで、「目撃しただけで、即ち直観だけで相手が道をそなえていることがわかる」というもの。ことばは符合にすぎず、それを解読するには体験的な直観しかあり得ない。

(15) 孔子が弟子の曾参《そうしん》に対し「参よ、わが道は一をもって貫いているのだ」と述べたことに対し、曾参はただ「はい」と答えた（『論語』里仁篇）。曾参は孔子の道が忠恕の一事につきることを体験的に知っていた。

(16)「経世済民」、「経国済民」の略語が「経済」であるが、これは本来天下国家を治めるものであり、世を経して民を済うというものである。経とは経綸のことで、済とは済度、人の苦しみを救い、事を成就させるという社会倫理的な意味を持っており、有徳者が統治をおこなう際の模範を示したものであった。

(17) 孔子は「中庸の徳たるや、其れ至れるかな」『論語』（雍也篇）とのべているように、常に過不及なく中正の立場を保つという徳「中庸の徳」をたたえ、最高のものとしている。孔子の模範とした堯・舜・禹においても帝位を譲る時「允《まこと》に其の中を執れ」といったといわれる。孔子の孫、子思も『中庸』を著わし、この徳を重んずることを詳述した。

(18)「関係」という概念は東洋に強いもので、仏教では「縁」となり、道教においては「個人」と「超感覚的実在（道）」との関係となり、儒学においては人と人、人と社会、人と国家の関係というように、より社会的なものとなっていき、五つの関係（五倫）、朋友・兄弟・夫婦・親子・君臣の宥和を求めていった。したがって政府や組織も法律によるものよりも「人間」による政府、組織を求めるようになり、有機的結合となっていった。

II

一、孝の思想と文化

1、東アジアの国々と「孝」

(1) 中国・朝鮮における「孝」

これまで日本は社会的ルールや、あるべき道徳的規範を儒学に負ってきた。それは儒学が普遍的道徳思想であったからである。そしてそこにおける普遍性の中心は「孝」の思想であり、そこから「仁」に至るまでの普遍的道徳律が示されている。しかし、それらは東アジアの国々においては「個別性」をもって存在し、これらの国々においては必ずしも同じ社会原理とはなっていない。

「孝」とは子の、親に対する敬愛の情であり、親子間にとどまるものであるが、中国においてはそれが「宗教化」され、広く他の社会にまで拡大され、家族から国家にまで最優先の価値として制度化されていったところに大きな特徴がある。中国における「孝」は死後の永遠と、子孫が祖先の祭祀を絶つことのないことを求め、宗教化されていったのであった。それは祖先を祭祀することによって魂が現世に帰ってくると信じられていたためで、その祭祀を行うことが「孝」であり、それを受け継ぐ子孫を残すことが「孝」であった。こうして「孝」は祭祀を行うという「過去」、および世にある父母に尽くすという「現在」、およびそれを受け継ぐ子孫を残すという「未来」とをつなぐ、一貫した行為をさすとともに、それらは宗教化され、制度化されて、社会的価値観の中心として強力な社会原理をかたちづくっていったのである。

本来儒学は社会の「秩序」を求めたものであり、家族や国家の秩序を、「あるべき人間の姿」即ち「仁」に求め、それをもとに人間界に秩序を与えるものとして人間の「作為・人為」、即ち「礼」を求めたものであった。そして「家族」や「国家」という集団生活を営むための秩序、即ち人間関係の倫理体系をつくるもとが「孝」であり、「忠」とされたのであった。それは、理想的な封建制度をつくるためには高度な「組織」が必要だったためで、これによって東アジア三国には「秩序」および「組織」原理が存在することとなり、他のアジア諸国との間に差をもたらすこととなったのである。

しかし、東アジア三国の中でも、中国、特に朝鮮のように死生観から社会儀礼、社会原理等あらゆるものを儒学から受け、宗教的なものとして受け入れてきた国と、そのような面には淡泊で、限定的（目的的）に学問、哲学として受け入れてきた日本とは大きな違いがあった。孔子による儒学はその最高の徳（人格の完成）を「仁」とし、その具体的な姿を「孝」の中に求めた。親や身内への孝、これを他人にまで及ぼしていくとき、仁愛の理想世界が現われてくるとしたのであった。したがってそれは社会原理においては「親族の原理」となり、一方では一人一人（又は各個人）の人格の完成という目標をもつ個人主義的要素の強いものであった。

さらに、宋の時代、朱子により興された「新儒学（朱子学）」における受容の仕方においても、中国、朝鮮のそれと日本のそれとは大きな違いがあった。それは、「合理性」をそなえた朱子学のうちより、「価値合理性」を強く受容した中国、朝鮮と、「目的合理性」を強く受容した日本との違いであった。これらの違いが日本においては「忠」及び「目的合理性」の優位と、社会原理としての「縁約の原理」を導き、中国、朝鮮においては「孝」及び「価値合理性」の優位と、社会原理としての「親族の原理」へと向かわせていった。

そのうち日本における「忠」及び「目的合理性」は「日本的集団主義」を生むこととなり、戦後においては日本的経営及び産業政策へと結びつくもととなった。又新儒学（朱子学）における「忠」及び目的合理主義的受容はマックス・ウェーバーのいうところの「天職」と「世俗内禁欲」の思想をもたらし、中国、朝鮮の近代化と日本のそれとの差を生み出したといえる。

又、儒学の受容にあたり、日本と朝鮮との最も大きな制度上の違いは「孝」に中心をおいた「宗族の制度」を受け入れたか否かであった。日本においてはその導入の最初において「儒仏並挙の治国思想」として受け入れられたため、「信仏崇儒」の立場をつらぬくものであった。したがって日本においては「宗教」とはなり得ず、受け入れの最初から儒学は「現世」を説き、「真理」を求めるものとして容れられるとともに、仏教は「来世」を説くものとして受けいれられた。儒学は定着後、さらに日本固有の神道思想と融合することによって日本的儒学を形づくっていった。

本来儒学は人間社会に秩序を与えることを第一義的な目的としているため、日・韓の社会組織は組織が能率を上げ得る第一の基本であるところの「秩序」を導入することができたというところに最大の共通点があるのであるが、それを遂行するにあたっては大きな差があった。それは先にもみたように、日本が仏教・神道などとの関係において儒学が導入されたのに対して、朝鮮においては李朝五〇〇年の間に儒学しか認められず、儒学の受容の程度においても日本をはるかにしのぐものをもっていたからである。

又「孝」という家族における人間関係の秩序は、家庭内での関係を維持することには大きく貢献したのであるが、血縁を中心とした家族間の「私」的礼儀の発展と、血縁を中心とした同族同士および家族を中心とする集団とに帰属意識を持たせることとなった。これに対して日本における「忠」の優位は、社会における和とバランスを保っていくことを最大の価値観とし、自らの上の者に忠節を尽くすことによって秩序を保ち、自分の属するものに対する帰属意識および集団意識を持たせ、社会全体にたいする集団の論理をつくっていった。これは社会秩序の保持に大いに役立つとともに、社会全体の倫理規範としての「公」の道徳、倫理として発展していった。

そのため日本では中国、朝鮮におけるよりも血縁集団の範囲を狭め、集団における共同体意識の方を強めていったのである。さらに朱子学における朝鮮の価値合理性の受容は、その後「道徳の学」として強調されるようになっていき、日本の目的（経験）合理主義的な受容とは大きな違いを持つようになった。

(2) 孔子における「孝」の重視

孔子は農業を中心とした国家を作っていく上で、理想主義ともいえる社会形態と人間像とをもっていた。それは土壌や風土の中から育まれたものを基にした理想社会の建設であり、人々の心、民の思いが込められたものからの構築こそが必要であった。そこから孔子は『詩経』を非常に重要視した。『詩経』には原始の時代からの人間の依って立つところの生活の全域にわたって「人間のこころ」が示されているからであった。それは民が、民族の声として、自らが自然のうちにうたったものであった。孔子はここに人間本来の在るべき在り方と指導理念とを読みとっていった。

孔子は『論語』の中でも、為政篇において「詩三百、一言以て之を蔽《おほ》ふ。曰く、思《おもい》邪《よこしま》無《な》しと[1]」といっている。

又、息子の鯉に対しても『詩経』を学ぶことを強く求めていた。『論語』季氏篇に「鯉趨《はし》りて庭を過ぐ。曰く、詩を学びたるかと。對へて曰く、未《いまだ》しと。詩を学ばざれば、以て言うこと無しと。鯉退きて詩を学べり」⑵とある。

門人達に対しても「小子《せうし》何ぞ夫《か》の詩を学ぶこと莫《な》きや」⑶と言って嘆き、「詩は以て興す可く、以て観《み》る可く、以て羣《ぐん》す可く、以て怨《うら》む可し。之を近くしては父に事《つか》へ、之を遠くしては君に事ふ」⑷といい、詩は人の心や自然の変化に感じた心の発露であり、民のこころが映し出されているものなので、そこからは人情や風俗、世のありようなどを知ることができるとしているのである。さらに人の悪や怨みの情についても学ぶことができ、近くのこととしては親によく事《つか》えることが、遠くでは君主によく事えることなどがわかる、としている。このように孔子は『詩経』をたいへん重要視しており、『論語』の中では「詩に興り、礼に立ち、楽に成る」⑸とまでいっているのである。

孔子はこうした『詩経』に現れている民の心（人間）をもとに、人間存立の基本は天地であるとし、天地があってはじめて人間の存在があるとしているのである。そして天地の偉大さに畏服するとともに、この天の経と地の誼、民の行とを求めていった時、人間の存立はその父母にあり、父母の則は天地の常道を得ているものであって、孝はその本をなす自覚体なのであった。『孝経』においてそれは「子曰く、夫れ孝は天の経なり。地の誼なり。民の行ひなり」⑹と述べられている。ここでは孝は万物の根元をなすところの天の法則として認識されており、地は万物を育む永遠の生命の消長を司る秩序の源であった。人間はこの天と地との間に在って、天地の性を受けた者の当為として孝を行うべきだとされたのである。

一方、「くに」を治めていく上で、天子・君子に求められたものは、民にとって最も普遍的なものである博愛・

慈愛、則ち親子のような愛＝仁であった。『論語』に「君子は本を務む。本立ちて道生ず。孝悌なるものは、それ仁の本為るか」(7)がある。又、『孝経』には「之に先んずるに、博愛を以てし、民、其の親を遺《わす》ること莫《な》し」(8)とある。いずれにしても、天子・君子に求められたものは仁（博愛）であり、それをもってすれば民の孝も行われ、その孝は又、国を形成していく過程において人々の心を最もとらえる基であるという。「孝」は民族が国家という形態を整えていく上で、農業国家中国において最大の価値となっていったのである。

(3) 中国における家族共同体と「孝」

農業を中心とした国家にとっては、その基盤を保つための家族共同体と秩序とをつくっていく上で「孝」は強力な精神的支柱であった。それゆえ中国における儒学は「孝」を最も優先したものとし、それが社会の秩序の基盤をなすものであった。それは日本が仏教を信仰（宗教）として容れ、儒学を国を治めるための秩序・道徳（和や礼）として目的合理的に容れたのとは大きな違いを生むものであった。中国では当初、仏教と儒学との融合又は並立は不可能とされた。それは仏教における「空の哲学」が五倫五常の人倫、特に孝の重視とそぐわず、「出家」という行為も、親を捨て、妻子を持たず、家族から逃れるもの、子をもうけないことによって家をたやしてしまうものであり、剃髪という掟も、父母から受けたものを傷つけるものとして、「孝」とはあい容れなかったためである。

中国では後に仏教は儒学的仏教（孝を主張し、孝経典をつくり、出家に対しても、親を成仏させる孝）として容れてはくるものの、基本的に中国思想は儒学中心であり、政治・経済・法律から文化のあらゆる面において、儒学がその最高価値を占め、最高道徳となってきたのであった。そして人倫の道（五倫五常）の中でも「仁義礼智信」がその中心であり、最終的には「仁」に集約されるものであった。それは「儒教は仁なり」に示されているのであるが、孝は「百行の本」「徳の本」といわれているように、「仁」とは「孝」をさすものであった。「孝悌なるものは、それ仁の本為るか（『論語』[9]）」であり、「親をしたしむは仁なり（『孟子』[10]）」であった。

このように「仁」とは人と人との親愛の情であり、この親愛の情は親子の愛情からはじまるとされ、これが「孝」であった。儒学における「四書五経」および主要経典の十三経においてもすべからく「孝」がとかれており、『孝経』はその中心的なものであった。『孝経』はこれまで家族道徳的、宗教的なものであった孝を、政治性や哲学性を加えることによってより大きな社会の道徳とし、宇宙や人間界に普遍的に存在するもの、世界を支配する原理として形而上化がはかられたものであった。ここでは「孝は徳の本なり、教のよって生ずる所なり[11]」と述べられており、「孝」は儒学の実践倫理としては最高の道徳的根元をなすものであった。

『孝経』の開巻第一（開宗明義章）には「身体髪膚、これを父母に受く、敢えて毀傷せざるは孝の始めなり。身を立て道を行ひ、名を後世に揚げ、以て父母をあらわすは、孝の終りなり[12]」とあり、親より受けた体を傷つけず大切にすることが孝の始めであり、立身出世をして名を揚げ、それによって父母の存在とその名を世に知らしめることが孝の最終段階であるとしている。身を傷つけないという孝のはじめから、立身出世という孝の終わりまでを求めているのである。『孝経』の紀孝行章第十三には「孝子の親に事《つか》ふるや、居には則ち其の敬を致し、養には則ち其の楽を致し、疾には則ち其の憂を至し、喪には則ち其の哀を致し、祭には則ち其の厳を致す、五つの者備はる。しかる後能く其の親に事ふ[13]」とある。

孝子とはこれらのことが完全に行われた人のことであり、生前だけではなく、死後の祭り、作法などあらゆることが厳重に守られなければならなかった。祖先崇拝は孝の延長で、祖先の祭りをすることは当然のことであって、祖先の祭りをする人をなくす（子孫を残さない）ということは大不幸をすることであった。『孝経』第二章では天子の「孝」を説いているのであるが、庶民に対しては「天の時により、地の利に就く」[14]「身を謹み用を節し、以て父母を養ふ」[15]ことを求めている。ここでは農民に対して、天の気候をよく見、地の味をはかり、身をつつしんで倹約を行い、父母をよくみることが孝であるとしている。

このようにして「孝は徳の本」となるとともに、先に見たように『孝経』第八章では「孝は天の経なり、地の誼なり、民の行ひなり」[16]、「天地の経にして、而して民は是れ之に則る」[17]とのべており、ここに「孝」は天地の理法ともなった。孝とは天地の間に行われる永久不変の正しい理法であり、人はこの正しい道にのっとっていかねばならぬものであった。このように「孝」は天地の理法、即ちあらゆるものの根元となることによって、最大の価値となるとともに、最後の二十二章に述べられているように、死後における追慕と宗廟を祭ることの教えとなり、祖先崇拝は習俗としてだけでなく、信仰となっていった。

ところで本来、「孝」という家族集団における人間関係の秩序、生活の倫理（家族主義）は、家族という小さな集団における共同体意識に基づいた倫理体系であり、きわめて「私的」なものであるために「家」を重視しすぎると、国家や君に対する忠誠がおろそかになる傾向を持った。そこで、それを止揚するためには「孝」を家族内にとじこめず、世界に普遍的なものとする必要性が生じてきた。そこから天子における「孝」、諸侯、卿大夫、士、庶人それぞれに応じた「孝」の具体的な内容が求められるようになってくるとともに、その一貫性がはかられるようになってきた。

特に中央集権制の成立した漢代からその傾向は深まり、これ以降の天子の諡号には孝の一字がその頭につけられる（孝恵帝・孝武帝）ようになり、天子も孝を第一とするようになった。そして『孝経』第二章にあるように天子の孝は「親を愛する者は、敢えて人を悪まず。親を敬する者は、敢えて人を慢らず[18]」、「愛敬親に事《つか》うるにつくして、しかる後徳教百姓に加はり、四海に刑《のっと》る[19]」であった。

このように宇宙の絶対者とされる天子においても、親に対してはこのような絶対服従の孝を示したということは、諸侯から庶人へ至るまで「孝」は当然のものであり、天子、諸侯の「孝」は人民に対する模範でもあった。ここに庶人に対しても、子が親に対する態度として求められるようになり、それは天子の勅命に服従するのと同じものとされた。ここに、「孝」とはただ単に親に事えることをいうのではなく、身分に応じ努力精進していく事であると同時に、親子の関係は上下の倫理的関係であり、天子と臣下との関係とも同じくするものだとされたのである。

こうして天子から庶人に至る「孝」の思想は、「孝」こそ国家をよく治め、社会に秩序と平和を与えるものであり、『孝経』第九章にいうように「明王の孝を以て天下を治むるや[20]」、「天下和平にして、災害生ぜず、禍乱おこらず[21]」なのであった。まず最も最小の基盤となるところの家族制度を維持し、それによって社会の秩序を保つことが、ひいては国家の秩序と平和を保つものであるとされたのであった。このようにして孝治主義とともに「孝」は家族内だけにとどまることなく、国家的なレベル、即ち「忠」の段階にまで高められる努力がなされたのである。

ここに、これまでの家という「私」的なものと、国家という「公」的なものとの矛盾を止揚しようとする努力がみられ、「孝」が家族内にとどまることなく社会性を持つよう、国家が求めるところの「忠」(公的なもの)に向かうよう、その道を用意したのであった。そして『孝経』第十四章に「五刑の属三千、而して辜不幸より大なるはなし」[22]とあるように、天子は孝をもって政治の中心とし、法律から礼法まで孝をもって統治するという「孝文化」をつくりあげた。法においても中国刑法においては「孝」中心の刑法がつくられ、孝治主義、徳治主義が文化、政治の根底をなす社会をつくりあげていった。

「孝」を最大の価値観においた孝文化の下では「父は子の為に隠し、子は父の為に隠す。直きこと其の中に在りと(『論語』[23])」というように、たとえそれが罪であっても、子が父をかばうことこそ人情の自然であり、その中にこそ正直があるというように、中国社会においては「孝」が唯一絶対の価値となっていった。そしてこれに伴い「私」と「公」との矛盾を「忠」によって止揚しようとしたのであるが、中国社会においては「忠」は重要な道徳としては根づかず、「孝」による社会原理であるところの血縁の原理を強くしていくとともに、血縁的団結を形成する精神的支柱となっていった。

これまでみてきたように中国においては「孝」の思想から、「血の永続性」と「同じ血を分けたものの結束」が強くなり、血族を中心とした「祖先祭祀が信仰(家族、個人の寿福を願うもの)にまで高められ、継世思想にまでつながっていった。それは子孫は祖先をまつり、祖先は子孫を守るという思想で、血縁の強さと結束、その純粋性とを求めるものであった。ここに中国における「宗族」の発展と制度化、社会原理における重要性が生じてくるのである。

宗族とは祖先を共有し、その祭祀を行うところの男系の一族のことをいい、この中には多くの経済的家族が含まれている。父子継承及び高祖から玄孫までの五世の族員の父子兄弟の親疎関係が明確にされ、全宗族員を統括する大宗と、次々に生ずる支脈を五世ごとにまとめ、大宗に帰属する四つの小宗にしたものからなっている。こうした祖先祭祀の信仰と結束とによって、村落共同体という意識のほうは薄くなっていき、年中行事においても、村レベルでの人間関係によるものよりも、家族や親族を中心としたもののほうが多くなっていった。こうして血縁による結びつきと協力とが非常に大きくなる一方、「他人」と「家族（親族）」との区別も大きくなっていき、家族共同体への志向は社会原理としての親族（血縁）の原理を形成していった。

このように孝の思想は自己の継続と長寿及び家族の平和を祈る、個人的で血縁的な動機の濃いものになっていくとともに、それは宗教としての祖先祭祀となっていった。そのため、中国においては一般大衆の道教への傾倒ともあいまって、仏教の影響はその社会原理にほとんど影響を与えていないともいえるのである。朝鮮においても仏教の影響はほとんどみることがないが、それは李朝以降仏教が禁止されてきたことにもよる。中国、朝鮮においては民族精神に与えた仏教的インパクトはあまりなかったといえる。

こうした反面、儒学及び孝の精神は、東晋の孫綽が『喩道論』において、『孝経』の教えをもとに、「周公と孔子の教えでは、孝が最も重要視されます。孝は、道徳の極致であり、ありとあらゆる行ないの根本であって、根本が確立されてこそ道理が生じ、神々と交感することにもなります。それ故、子が親につかえるにあたっては、生前には孝養を尽くし、死後にはお祀りをするのです。三千とかぞえあげられる罪のなかで、跡継ぎが絶えることが最大の罪であり、父母から授かった肉体は傷つけまいというのです[24]」とまで述べているように、血統の絶えることを最大の不孝としているのである。そしてこの孝を行う方式が「礼」なのであった。

孔子は士としての条件を「四方に使して、君命を辱しめざる[25]」と述べるとともに「宗族孝を称し、郷党弟を称す（『論語』[26]）」といっている。さらに宗族への孝の方式は「生けるにはこれに事ふるに礼を以てし、死せるにはこれを葬るに礼を以てし、之を祭るに礼を以てす[27]」と述べているのである。その根幹には『論語』述而篇で「陳の司敗問ふ、昭公は礼を知れるかと[28]」にあるように、宗族内部の婚姻の禁止があり、血縁がいかに遠くても同姓集団内部の結婚は厳禁であった。こうした礼によって支えられた宗族中心の社会原理（宗族に対する孝が最高の道徳価値とされた社会体制）であったため、宗族を越えた国家への忠誠「忠」のほうは薄くなっていったといえる。

(4) 日本における「孝」

一方、日本は儒教受容のときにおいて儒教のもつ秩序や道徳的規範、組織原理等は容れたのであるが、宗族の制度（大家族制度や族外婚、死者との親近関係によって服すべき喪服やその期間を五等に大別した五服の規定など）は容れなかった。その理由は受容時において、目的合理的に容れたためであり、日本の律令制の成立時においては「和」と「礼」（論語にいう礼とは異なる）とを必要としており、それによって天皇中心の秩序の確立と、貴族や官吏に対する道徳的規範を徹底させようとしたのであって、そこでは族外婿の規定等は必要ではなかったためである（聖徳太子の妃は従姉妹であり、その皇子、山背大兄の妃は異母妹であった）。

これに対して、『論語』述而篇の「君、呉に取《めと》る。同姓なるが為に、之を呉孟子と謂ふ」[29]とあるように、魯の君主の昭公は呉の国から夫人を娶ったが、同姓であるのを憚って、呉孟子と称した。これは君子のすることではないのではないか、といっているのである。先にみたように、周の制度では、同姓は婚しないことになっているために、礼に欠けているとしているのである。これに対して日本では聖徳太子にかぎらず、万葉の時代より妹背＝夫婦（背とは姉妹からみた男の兄弟、年上にも年下にもいった）という言葉のように、実母が同じでない妹と兄、姉と弟との結婚は認められており、王朝時代にも叔父や叔母、従兄弟（従姉妹）との結婚はめずらしくなかった。

それは、日本は儒学の受容時において、儒学を、それまでの日本古来の生活慣習として成立していた神道から成るところの社会原理や社会制度からは切り離して、ただ「哲学」としてのみ受容してきたからであった。それはこの後、朱子学として再建された新儒学の受け入れの時においても同様であり、朱子学のもつ目的（経験）合理主義的な部分を受け入れたのであって、それの持つ価値合理的な部分はあまり受け入れなかったといえる。それゆえ儒教の受容時においても、そして又朱子学の受容時においても、宗族の制度及びそれにともなった礼（葬礼、祭礼）に関しては受け入れることを拒んできたのであった。

このように日本においては、その受容の最初から、その中に完全に没入することなく、目的的に受容してきたのに対して、朝鮮では価値合理的な受容をし、「孝」及び「礼」に大変重きをおいたところの倫理的受容をしてきたために、朱子学においても、その受容の仕方は日本とは異なり、主観的・内省的な傾向をもった。それは、朱子学は理気説がその中心を占めているのであるが、理気を二つに分け、そのうちの理に重きをおく（特に道徳的価値的に気に優先する）主理説が正統派的な考えであったためである。

これに対して、日本では林羅山の、理気は一つであるが、気が優先するという主気説が優位であった。主気派は客観的・実証的な傾向を持っており、羅山における客観的・倫理的な合理主義は現実主義的目的的な側面がより強いものであった。しかし儒教的世界はその出発から国家と家族（個人）という二つの中心をもっており、この二つはどちらの一方にも収斂されるものではなく、二つは二つのままたてることが理想とされた。それが修身・斉家・治国・平天下であり、きわめて道徳主義的、連続的なものであった。

しかし、中国・朝鮮においては『礼記』（曲礼篇）にあるように、「父子天合」、「君臣義合」という価値観があり、父と子は、もし父がまちがった行いをした場合、子は「三たび諫《いさ》めて聴かざれば、すなわち号泣して之に随《したが》う」[30]べきであるのに対して、君と臣との関係においては、もし君がまちがった行いをした場合には臣は「三たび諫めて聴かざれば、すなわち之を逃《さ》る」[31]であった。中国・朝鮮においてはこのように「孝」という私的（個人的）な部分が非常に強いものであった。

先にみた「直躬」の話においても、葉公が正直者の直躬は父がよその羊が迷いこんできたのを着服したことを訴え出たことを、正直としてほめたのに対して、孔子は「父は子の為に隠し、子は父の為に隠す。直《なお》きこと其の中《うち》にありと」[32]といった。孔子は親と子は庇い合うところに、直の精神があるとしているのである。たしかに、そのままでは正直とはいえないが、正直の意義は、そのうちに存在している（「直在其中」）といっているのである。

こうしたとらえ方は『孟子』の中にもある。聖天子舜の父が人を殺したとしたら、舜はどうするだろうかとたずねられたところ、孟子は「天子といえども天下の法を無視することはできないから父を逮捕するだろう〈之を執《とら》へんのみ〉」[33]といい、さらに殺人罪として処罰するかと聞かれた時には「舜は天子の位を捨て、父を背負って海浜（法の及ばないところ）に逃れ、父につかえて一生を終わるであろう〈舜は天下を棄つるを視ること、猶《なほ》敝蹝《へいし》を棄つるがごときなり。寂《ひそ》かに負うて逃れ、海浜に遵《したが》ひて処り、終身訢然《きんぜん》として、楽しんで天下を忘れん〉[34]」と答えたという。天子となって政をする人は他にいても、父と子のかわりができるものは他にはいないということである。このように父と子との間は絶対なのである。

君臣関係においては江戸時代の室鳩巣は『明君家訓』で、あるべき君臣関係は、君臣ともに善に進み、悪を改めることであるとしている。臣下としてのあるべき姿は「上にへつらわず、下を慢《あなど》らず、おのれが約諾をたがえず……、おのれがすまじき事はせず、死すべき場をば一足も引かず、常に義理（正義と道理）をおもんじて、その心鉄石のごとく……」[35]としているのである。則ち主君に対する態度としては、たとえ命令に背くようなことになろうとも、自己の信念を踏み外すことがないようにといっているのである。

(5) 朱子学導入における相違

中国・朝鮮では朱子学においても理気二元論をとるとともに、内省的な修養方法や精神主義的方向に立つ道徳学が中心となった思弁主義的、儀礼的な方向に流れていき、朱子学のもつ客観的・実証的な側面は弱められていった。これに対して、日本においては父子、君臣関係でも「忠孝一致」が大原則であり、朱子学のもつ合理的、客観的、実証的な側面を、より強く導入したところの「気一元論」に傾いていった。それゆえ道徳的、価値合理主義的傾向の強い中国・朝鮮よりも、経験的、合理的側面が強いものとなった。

「理」は本来、あるべきもののことであり、存在するものの理法条理を意味するものであった。それは朱子によって「天下の物、すなわち必ずおのおの然る所以の故と、其の当に然るべきの則と有り、これいわゆる理なり」と述べられているように、「然る所以の故」（根拠）、「当に然るべき所の則」（規範）とされたように、「理」は全存在の根拠であるとともに、自然と人間のあるべきあり方であった。そして人間のあるべきあり方を道徳的価値的に「気」に優位するものとしてとらえたのが中国・朝鮮の朱子学であった。

朱子学の内容はいくつかに分けられるが、その第一が存在論、即ち「理気説」であり、第二が倫理学または人間学としての「性即理」の説である。「性」とは天より命ぜられた（「天の命ぜるこれを性という」[36]）にあるように「道徳性」でもあり、たいへん倫理的であるとともに朱子学の中心をなすものであった。その一方、「存在」はすべて「気」によって構成されていると考えられており、原子論的、生気論的なものを含んだところの物質原理であった。したがって気の哲学は唯物論へ通じるものともいえるのであるが、それら存在するものはすべて「あるべきようにある」のであって、単にあるのではなかった。そしてこのあるべきようにあらしめているものが「理」であった。それは又宇宙、万物の根拠であり、宇宙をしてあるべきようにあらしめている原理、個物たらしめる原理であった（この、一物には一物の理あり、とする理のことを「性」ともいう）。

こうした「理」と「気」は『易経』のいう、形よりして上なるもの、即ち形而上者を「道」とし、形よりして下なるもの、即ち形而下者を「器」としたものにも通じるもので、理は形而上的なものであって、決して物質的なものではなく、超感覚的なものであった。従って朱子学の「理気」のうち「理」、即ち形而上的な部分を強く求め、人間としての「性」（道徳性）を追求した中国、朝鮮と、「気」に大きく傾いた日本とでは、その合理性のとらえ方において大きな差が生じたといえる。

朱子学におけるこうした「理気説」を最も倫理的、人間学的にとらえた中国、朝鮮においては、人間の倫理的課題は「本然《ほんねん》の性」にかえることであり、「性」とは具体的内容的には「仁・義・礼・智・信」であり、最高の「性」であるところの「仁」に向かって「己に克ちて礼を復《ふ》む（『論語』(37)）」ことであった。ここにこれまでの「仁即ち孝」としたところの儒学道徳（家族道徳）が最高の価直観として存在することになる。洪武帝が発布した明の『六諭』(38)は中国の教育勅語ともいわれるものであるが、父母に孝順なることからはじまっている。又、清の『聖諭』においても「孝」は第一条におかれているが、「忠」に関する項目はなかった。

これは日本における君臣道徳の優位、又は先にみた「忠孝一致」の原理とは異なったところの、父子・家族道徳を中核とするものであり、それを支えたものが朱子学の「五倫の説」であり、その神聖化であった。中国、朝鮮においては父子倫理において形式的な上下の関係、恭順の倫理としての「孝」が強化されていったため、「父子天合」の倫理がさらに強固なものになっていった。

このように儒学の基礎定理は「父子天合・君臣義合」であり、父子は天合であるために、たとえ「義」が合わない時であっても離れることはできない（それが「孝」である）が、君臣の関係は義によって合しているので「義の合せざるときは去る」ことができるものであった。ここに、最大の信頼関係が父子にもとめられることとなり、朱子学の理論もそれをさらに論理的に正当化（道義の学）するものとしてとらえられていった。

これに対して日本の朱子学は君臣道徳（臣下の道徳）として受容されたため、「君君たらずとも臣臣たらざるべからず」、又は「忠臣は二君に仕えず」等の思想として封建的君臣関係を支えるものとなった。したがって臣下たるものはたとえ「義」があわなくても去ることはできず、「忠」たらんと欲した時には、「孝」がたたない場合でも「孝」よりは「忠」に倫理的価値をおくこととなった。

こうした朱子学における日本の「忠」へのかたむきと、窮理（理を窮めること）への傾倒は「その意を誠にせんと欲せし者は、先ず其の知を致せり。知を致すは、物を格《ただ》すに在りき」[39]という格物致知の思想となった。このような事物の理をその究極まで極めようとする態度は、物（又は事）に即してその理を窮めるということであり、天下の物で理を有さないものはなく、それを窮めるものが「知」であった。日本においてはこれらを目的合理主義的なものとして受け入れたため、経験的、実証的な学問、科学の発展に寄与することができたといえる。

このように日本においては朱子学を「忠」及び目的合理主義の側面において強く受け入れるとともに、それに即した社会原理をつくりあげていった。一方、中国、朝鮮においては「孝」および価値合理主義の強い社会原理をつくり上げることとなったのである。それは先にみたように初期の儒教原理の受けとり方の相違及びそれから生じたところの社会構造の相違によるものであるとともに、朱子学の受容の仕方においても両者の間に違いを生じさせていた。それがさらに近世及び近代日本の社会構造と中国、朝鮮のそれとを異なるものにしていったといえる。

2、「孝」の思想からみた社会原理の相違と文化

(1) 韓国（朝鮮）における「宗族の制度」

これまでみてきたように、中国、朝鮮における「孝」および「礼」によって導かれてきたところの「宗族の制

度」は、社会原理としての血族（親族）の原理をつくり上げるとともに、朱子学における価値（倫理的）合理主義の導入によってそれはますます強固なものとなり、社会構造及び社会制度、法制上にゆるがぬ価値を与えてきた。

韓国では一九九九年の民法改正まで本貫地を同じくする宗族内（八親等まで）の結婚は禁じられてきた。(40) 宗族への「孝」の観念は宗族内で社会的に成功した者が親族を引き立てることを正当化（宗族全員が一致団結して出世への道に協力するかわりに、社会的に名を上げた後には宗族への見返りを与える）し、「孝」（私的なもの）の優先は、「忠」（公のもの）への観念をうすくし、国家、国民、企業等への所属意識よりも、血族への所属意識を強くする傾向をもっていた。

たとえば、かつて、抗日軍の司令官が開戦前夜、親の死に目に会うために任務を棄てて、三年の喪に服したことを美談としているように、重大な軍務を放棄しても親につくすことこそ、人としてとるべき道であるとされた。したがって今日でも親の死はいかなる公的（社会的）任務（仕事）にも優るものであり、そのための公務の放棄は決して非難されるべきものとはならない。これに対して日本では親の死に目に会えなくとも重要な公務（仕事）を続けることが美談だとされている。

儒学は人間界に秩序を与えることを第一義的な目的としており、その意味においては日・中・韓に社会の組織原理としての大きな役割を与えてきた。しかし「孝」という家族における人間関係の秩序は家族内での関係を維持することには大きく貢献してきたのであるが、血縁を中心とした家族間の「私」的儀礼の発展と、血縁を中心とした同族同士および家族を中心とする集団とに帰属意識を強く持たせることになった。

李朝五〇〇年の間、儒学だけしか認められなかった朝鮮においては、特に儒学の純粋な受容が行われ、父子血統直系で家系が継承されてき、嫡長男優待男子均分相続(41)をとり、分家は男子が同格に分裂して本家に従属するというものであった。これは韓国民法にみられた親族の範囲の広さや、広範な扶養義務、推定戸主相続人の戸主相続権の放棄の禁止、および廃除は認められない(42)、戸主相続をする養子は養父と同姓同本者でなければならない(43)、などの生物的血統の重要視ともつながっていた。このため婿養子や非血縁養子が家系をつぐことはなく、血縁のみによって集団がつくられ、その中で身分の恒久的な保証を自動的に行うという社会原理となっていた。

儒学は本来人間社会の秩序を「家」の原理によって体系化しようとしたもので、血統を最も重視したものであった。従って韓国では父母への「孝」が最大の価値観となり、その「孝」から先祖崇拝、子孫の重視、家門の継承が重要視されることとなった。それゆえ男子が生まれなかった場合には父方の兄弟又は従兄弟の子を養子として迎える反面、母方又は血縁のないものは決して養子として迎えはしなかった。又、女性は嫁いでも血のつながりがないために、夫側の姓（同じ血族の中）に入ることはできず、あくまで姓は別々であった。これは血の「系譜」に対する厳しい掟でもあった。

又、「孝」があってはじめて「忠」があるという価値観から、韓国（朝鮮）の社会原理は公的なものより私的な価値が優先し、きわめて範囲が広い「血族」の結合と繁栄、そこへの帰属と依存とによって成り立つ社会を形成していった。従って韓国においては身内以外の者に対しては非常に自己本位的な行動をとらせやすくする反面、家族の団結はたいへん強く、献身的な努力と自己犠牲をいとわぬ態度をとらせることになった。そして、身内の中に完全に帰属意識をもたせることによって、成員はその中にいるかぎり依存と生存とが保障されるというものであった。

こうした韓国における血族集団内における集団意識の強さは、甘えを伴った強い密着度の許された家族、身内と、それの全く許されない他人との間の、大きな格差から生じてくるものであった。これは家族・身内に対しては等価報酬を全く考えず、金銭感覚を伴わないのに対して、他者との間では完全にシビアな態度をとらせることとも通じるものをもっていた。韓国における、生物学的な血縁を基礎とした血縁関係の重視は、八親等以内を門中とし、家族同然の相互関係を結ばせることとなり、その中の者が功績をあげ、事業を興した場合にはそこに参加することはもちろん、それらの事業、功績は父子血縁によって継がれていくのは当然であった。

それは韓国においては日本の「イエ」のように嫡系と傍系とに分けることなく、序列の違いは認めてはいても(長男の優先権は「長幼の序」と「祭祀権」の継承のみによって生ずる)、父親の「血」を受け継ぐ嫡男子は基本的には同格だという価値観となってあらわれている。これは日本の擬似親族形態をとった「イエ」がその発展と家産を増やすために単独相続をとらせ、その発展のためには経営も血族以外の専門家に任せようとしたこととは大きく異なるものであった。

こうした血縁及び親族の原理の強い韓国においては経営においても日本の経営組織とは大きな違いが生じることとなった。企業経営においてはオーナーが大量の株式を所有し、唯一の決裁者であるとともに、「身内」であるところの兄弟、息子、女婿等が役員のほとんどを占め、株式の名義人となるだけでなく、その他の所要ポストも身内に連なる人々によってほとんどが占められることとなった。又、交代に際しては家族制度と同じく、兄弟間のパートナー関係は分割され、息子間においても分割されて直系親族によって継承されていくこととなる。それゆえ、女婿は役員等の経営には参加できても株式は持たせてもらえないという結果になる。

韓国においては財閥も血縁的な「身内」となっており、経営は血縁によって占められ、株式も血縁者以外にはほとんど持たせない。母企業は翼下企業の株式を所有し、翼下企業も母企業の株式を所有しており、翼下企業相互間でも株式を持ち合っているというように複雑に株式を所有しているのであるが、もとをたどれば創業者一族にたどりつくこととなる。このようにして韓国における財閥は相対的に少ない資本で財閥全体を実質的に支配することを可能にするとともに、「身内」による結束をも可能にしているのである。又、企業と企業との間を血縁で結んだ財閥同盟をつくり、後継者のまわりには血縁その他の縁をもつ人材を配することにより、二世体制の定着もはかられている。

いずれにしても、儒学思想、特に「孝」の思想を中心に「礼」を重んじ、価値合理性に傾いてきた韓国においては「血縁・親族の原理」は長いこと培ってきた社会構成原理であるとともに、国民的コンセンサスを得ているものであり、企業組織においても会長の権力を絶対的なものとしてきたのであった。

(2) 日本における「忠」の優位と「縁約の原理」

これに対して日本においてはこれまでみてきたように、儒学のもつ「宗族の制度」を受け入れなかったために、血縁集団というよりも、その中に、ある目的のために選択をとおして結ばれるという「契約の原理」を導入してきた。これは血縁・親族の原理だけではなく、むしろ家の系譜の方を優先したところの、ある種の団体的性格が付け加えられたものであり、非血縁者をも含んだ「同族」へと発展し、親族的な互助的要素とともに、ヒエラルヒーも存在するものであった。

このような同族組織の構成は家族的結合というより、むしろ家的結合となり、家をとおして各々が互いに同族者としての関係を保つようになるという、生活を共同にするところの経営的団体のようなものになっていった。これは「家」ではなく、「イエ」とよばれるものであるが、ここにおける構造的特性は超血縁的で系譜性をもち、機能的階統性と自主性とをもったものであった。

ここから日本では共同体としての「イエ」における家長の地位の継続の方を優先させることになり、血縁よりも重要な根拠（家の存続と繁栄）のためには血縁的な系譜性は唯一絶対なものではなくなり、出自の系統の継続を確保するためのものであったため、全くの血縁外であっても養子を迎え入れるという養子制度（夫婦ともの養子縁組さえも）が発達していった。この場合、加入に際しては選択の意思が強く働くのであるが、一旦加入した成員は全く差別されることなく、何らの限定もなしに無期限で集団に帰属できるというものであった。ここへの加入および離脱は基本的には本人、個人の選択に基づくものであるが、加入を認められた成員は集団に対して無限定的、且つ自発的に忠誠を尽くすという性質のものであった。

このような血縁の原理から脱却したところの「縁約の原理」が、新規加入に対する疑似的な親子関係への編入と、親族的秩序の観念的維持とによって、組織に対する成員の厚い忠誠心をつくりだしていったといえる。日本におけるこうした擬似親族形態は親族の原理による「身内」だけではなく、「なじみ」にまで共同体意識をもたせるようにするとともに、「よそ者」との間にはきびしい壁をつくりだすこととなった。こうした「なじみ」の社会が擬似「イエ」ともいえる組織であり、ここにおける成員に帰属意識を持たせると同時に、経営者側もそこへの加入者に対しては全人格的な存在としてとらえることによって、双方のあつい信頼と忠誠心とによる雇用関係が結ばれることとなる。

このように日本における「なじみ」の世界は、家族のみならず、企業というなじみの社会においても、身内と同じ共同体意識をもって迎えているために、企業との一体的結合が強くなったといえる。又、「なじみ」の社会との間にも「和」及び有機的な関係を保とうとする意識が強いため、組織とその成員とは互いに共利共生を求めようとし、各成員は協力し合って組織目標を達成しようとする意識を強くすることとなる。

こうした「なじみ」までも擬似的な親子関係の中に編入することにより、親族秩序を観念的に維持したことが、企業がそこにおける成員との間に長期で幅の広い結び付きであるところの終身雇用制を成立させた基盤であり、それが又企業にとっての合理性でもあった。こうした、企業内の成員に企業への一体感と忠誠心とを持たせたことが、企業に安心した教育訓練投資を行わせることになり、合理化や新技術の導入を可能とさせ、労使ともに協力ある賃金交渉に臨ませることにもなったのである。

さらに経済合理性と共同体的志向とは、新卒採用、企業内教育訓練、終身雇用制などを前提とする内部労働市場をかたちづくっていった。そして、それらは内部昇進や、年功制、情報の共有と経営参加、企業内組合や企業内福利等をもたらし、協調的な労使関係、弾力的な職務行動などを可能にさせる「日本的経営」をつくり上げていったといえる。

(3) 「特殊性」にみる民族宗教との関係

日本においては中国・韓国（朝鮮）とも異なる擬似親族形態「縁約の原理」という社会原理をとっていたために、「家」の発展と家産を増やすための単独相続制及び家業の発展のためにはその経営を血族以外の専門家にも任せるという養子制度の発達とがあった。商家において息子よりも娘に有能な婿（番頭など）をめあわせ、あとをとらせたことなどにもそれはよく現れている。それは生物学的な血よりも「イエ」を守るためのものであった。又、「忠」への傾きという日本の「特殊性」は日本の民族宗教「神道」におうところが大きいともいえる。日本の神道は中国、朝鮮の個人的宗教とくらべると村落共同体のための宗教であったため、神は公的なもの、共同体および日本民族全体をまもるものであり、個人の救済を目的としたものではなかった。同じ村落に住む村民は同じ氏神の氏子であり、身内であった。したがってその成員になるには共同体の氏神を拝めばよく、地縁、血縁でむすばれた連帯意識とともに、個人を個的なものとは考えず、家族、共同体の一員としてとらえ、氏子（身内）はみな平等であるという身内意識とを持っていた。

こうした村落共同体の信仰は、個人の救済を目的としない「公」的なもの、共同体全体を守るものとしての社会全体に対する集団の論理、社会秩序の保持及び倫理規範としての「公」の道徳・倫理である「忠」へとその中心が傾いていった。即ち、集団における共同体意識のほうを強くしていったのである。一方、神道における神・祖先神は、氏一族共同体がいただくものであるところから、祭祀を中心とした社会の構成原理をつくり出していき、優れたものに従うという「タテ」の原理をもたらした。家の長→氏の長→国守の長→天皇→天照大神という、家から天皇、村落共同体から国家までをつなぐ原理ともなっていった。

このようにして日本における「忠」は、社会との和とバランスを保っていくことを最大の価値観とすると同時に、自らの上のものに忠節を尽くすことによって秩序を保ち、自分の属するものに対する帰属意識および集団意識を持たせることとなり、社会全体に対する集団の論理となっていった。そのため日本では中国、朝鮮におけるものよりも、血縁集団の範囲を狭め、集団における共同体意識の方を強めていったといえる。

日本においては「忠」が「孝」の上位を占めるようになったということは、集団における共同体意識のほうを強めてきたという、日本の「特殊性」ということができる。これに対して中国・朝鮮においてはそれぞれの民族宗教ともいえる道教やシャーマニズムがそれぞれの民族的な特殊性をかもし出していた。朝鮮における民族宗教シャーマニズムと儒学との結びつきは、より祖先祭祀中心の宗教へと向かわせ（シャーマニズムは子孫を祀り、儒学は先祖を祀るものとして）、血縁を中心とした社会原理をつくりあげる基礎となり、儒学はそのための価値合理性を提供するものであった。又、中国においても、道教のもつ「私」的側面と儒学のもつ「私」的側面との結びつきによる血縁及び「孝」への傾倒は、後の親族の原理へと傾いていくものであった。

これに対して、日本の民族的宗教「神道」と「儒学」との結びつきは、共同体を維持する方向を強め、家族をも共同体の中に包摂していくようになった。その延長が国家にまで至った時、戦前の皇民化教育、即ち忠君愛国の精神へとつながっていき、国家主義を助長したとされるものともなった。

註

（1）『論語』「新釈漢文大系」第一巻、明治書院、一九六〇年、三八頁。

(2) 前掲書、三七四〜三七五頁。
(3) 前掲書、三八六頁。
(4) 前掲書、三八六頁。
(5) 前掲書、一八五頁。
(6)『孝経』「新釈漢文大系」第三五巻、明治書院、一九八六年、一七三頁。
(7)『論語』「新釈漢文大系」第一巻、明治書院、一九六〇年、十八頁。
(8)『孝経』「新釈漢文大系」第三五巻、明治書院、一九八六年、一九二頁。
(9)『論語』「新釈漢文大系」第一巻、明治書院、一九六〇年、十八頁。
(10)『孟子』「新釈漢文大系」第四巻、明治書院、一九六二年、四五三頁。
(11)『孝経』「新釈漢文大系」第三五巻、明治書院、一九八六年、七六頁。
(12) 前掲書、七八頁。
(13) 前掲書、二六六〜二六七頁。
(14) 前掲書、一五四頁。
(15) 前掲書、一五九頁。
(16) 前掲書、一七三頁。
(17) 前掲書、一七八頁。
(18) 前掲書、八九頁。
(19) 前掲書、九二頁。
(20) 前掲書、二〇七頁。

(21) 前掲書、二三二頁。
(22) 前掲書、二七一頁。
(23) 『論語』「新釈漢文大系」第一巻、明治書院、一九六〇年、二九三頁。
(24) 『大乗仏典』〈中国・日本編〉第四巻、中央公論社、一九八八年、六十頁。
(25) 『論語』「新釈漢文大系」第一巻、明治書院、一九六〇年、二九五頁。
(26) 前掲書、二九五頁。
(27) 前掲書、四三頁。
(28) 前掲書、一七三頁。
(29) 前掲書、一七三頁。
(30) 『礼記』(上)「新釈漢文大系」第四巻、明治書院、一九七一年、七〇頁。
(31) 前掲書、七〇頁。
(32) 『論語』「新釈漢文大系」第一巻、明治書院、一九六〇年、二九三頁。
(33) 『孟子』「新釈漢文大系」第四巻、明治書院、一九六二年、四七二頁。
(34) 前掲書、四七二頁。
(35) 『近世武家思想』「日本思想大系」27、岩波書店、一九七四年、七一頁。
(36) 『中庸』「新釈漢文大系」第二巻、明治書院、一九六七年、一九九頁。
(37) 『論語』「新釈漢文大系」第一巻、明治書院、一九六〇年、二五八頁。
(38) 『近世町人思想』「日本思想大系」57、岩波書店、一九七五年、三六七頁。室鳩巣は、『六諭衍義大意』において「孝順父母」として簡約している。

(39) 前掲書、四三頁。
(40) 山田鐐一『韓国家族法入門』有斐閣、一九八六年、一七一頁。
(41) 金宅圭、伊藤亜人他訳『韓国同族村落の研究』学生社、一九八一年、一一五頁。
(42) 山田鐐一『韓国家族法入門』有斐閣、一九八六年、一六九頁。
(43) 前掲書、一七九頁。

二、日本の社会原理の形成にみる「和」の精神と中庸の思想

1、エートスと宗教

(1) 一神教と多神教

人類はその歴史において何らの形式であれ宗教を有しなかったことはなく、それは又人類と他の動物とを分ける大きな違いであるともいえる。宗教は人類の最も高尚な特性ともいえるものであると同時に、それは他のいかなるものによっても得がたいものを人類に提供してきた。

宗教とは個人が神と信ずるもの、即ち世界を主宰している最高価値神と関係して生きようとする努力および感情であるが、その内容は大変複雑であり、多くの宗教の存在を許しているといえる。神の本質的な特性及び神の概念においては諸宗教は大きく異なり、それはさまざまなエートスとなってそれぞれの宗教のもつ文化・社会をつくりだしていくこととなる。

こうした世界諸宗教を考えた場合、最も大きな特徴は「一神教」か「多神教」かの違いであるといえる。一神教がユダヤ教・キリスト教に代表され、それらがヨーロッパの文化をつくったとしたら、アジアの宗教はほとんどが多神教であり、それがアジアの文化をつくっているといえる。ここにヨーロッパとアジアとの大きな相違をみることができるのであるが、日本と他のアジア諸国との間においても宗教的な違いがあり、それが日本文化および日本的エートスを形成しているのである。

一神教が唯一で絶対的な超越神を持っているのに対して、多神教においては絶対者を持たず、神々は世界を超越したところに存在するのでもなく、神々と人間とは隔たれてはいない。そこでは生きるために与えられている環境又は客観的条件をそのまま肯定し、諸事象の在する現象世界をそのまま絶対者と見なしている。それゆえ人間も動植物も、すべては生きとし生けるものとして自然を構成するために存在しており、人間もこの自然と同じ生命をやどして自然の中に生きるものなのである。

したがって自然の原理は神であり、自然そのものに「神性」をみいだしたからこそ自然との調和を重んずるようになったのであった。これが日本の「神道」であるが、このような存在認識から汎神論的傾向を持つとともに、自然物に神を見いだす思想からは多神教的となるのは当然であった。

このように唯一絶対の超越者を持たない多神教的信仰においては先にもみたように規範が一元化されず、普遍的規範は出てこない。そのかわり規範の個別化が生じてき、行為における状況の適合を個々に設定させることとなり、そのつど標準が変わっていくことになる。さらに汎神論における神と、行為をする者との間には超越神の支配する世界ほどにはその距離（神と人間との間の距離）がない。神と人間との間にそれほどの距離がなく、一神教におけるように唯一で超越的な絶対者ではない神の下においては、行為規範はおのずと「相対的」なものとなってくる。これは行為において設定された標準もしくは規範の規制力が弱いということともなる。

これに対して唯一絶対の神によって創造されたとする世界においては全能の神と人間との間には完全な断絶（神と人との間には大きなへだたりがあり、支配者と服従者の関係）があるため、そこでは行為の存立根拠に対する疑問や批判は許されず、行為に関して「絶対的」な規範が生ずることとなる。

さらに汎神論においては行為環境それ自体に神性があるとしているために、人々は状況に対して同調性をより高くもつようになり、それぞれの特定の行為状況に対してその意義を絶対視していく傾向をもつ。こうして多神教的、汎神論的世界観のもとでは状況的行為をとるようになり、それが多神教的世界における行為体系をつくりだしているといえる。

又、こうした状況的行為という行為体系は欲求肯定の態度を生み出すために、状況的行為においては行為者の要求が優先されてくることとなる。それは外的な自然界においてあるがままの意義を認めようとするのと同じように、人間の自然の欲望に対してもあるがままを認めようとし、あえてそれを抑制したり戦おうとする態度をとろうとはしない。

これに対して唯一絶対の神、全能者としての神をもつ世界においては、たえず唯一絶対の規範にむけての戦いがある。したがってここでは危機的な状況に対応する場合においても、それは人間の素朴な欲望を否定した「内」での戦いにおいて対応しようとする。しかし人間の欲望があるがままに肯定されている世界の下では、自己を変化させていこうとするよりも、「外」へ向っての願いごとになる。これは行為者の要求の肯定というものの上になりたつものであり、個人の世俗的要求に対する肯定でもあるといえる。そして又、こうした生得的欲求の肯定と状況的行為という態度は現世主義的価値観にもつうじていった。

(2) 東洋の宗教とエートス

東洋の宗教は中国における道教、日本における神道、インドに発祥し、広く流布した仏教、ヒンズー教、韓国におけるシャーマニズム等いずれをみても多神教的汎神論の世界観をもつものであった。中でも特に東アジアの宗教のもとになったとされる道教は日本の神道や大乗仏教に大きな影響を与え、さらに日本的な仏教としての浄土教にも多くのものを与えたとされているが、そこに流れているものは「あるがまま」を強調した生得の欲求肯定的なものであった。そしてそれはさらに状況主義的な傾向を強くしていくものであった。

　仏教が伝来してくるまでの間、日本人は自分たちより力のあるもの、不可思議なものはすべて神として崇拝してきた。それは後の国学者本居宣長[1]において「人は更にも言はず、鳥、獣、木草のたぐひ、海山など、その余、何にまれ、尋常ならず優れたる徳のありて、可畏き物を迦微《かみ》と云なり。すぐれたるとは尊きこと、善きこと、功しきことなどの優れたるのみを云にあらず、悪きもの、奇しきものなども、よにすぐれて可畏きをば神と云なり」と述べられているように、「カミ」とは「上位」を示すものであり「上」であった。こうした優越したもの、超自然性のものが神であり、それら（八百万ともいわれる）神々は「混沌の太元が既に凝り成って」[2]天地ができてより後に生まれたものであった。

　天地は造られたものでも、生まれたものでもなく、成りゆきで生じたものであり、こうした混沌の中から天地が固まり、神々も生じてきたのであった。したがってここでは一神教のように神があり、神が天地をつくったのではなく、天地は成りゆきで生じたもの「成ったもの」であって、何らかの意志の下でつくられたものではなかった。それらは混沌の中から生成してきたものであり、「生成」であった。

　こうした、物が生成する原動力、神秘力が「むすび（産）」としての造化神をうむこととなり、『古事記』に出てくる高御産巣日神、神産巣日神となり、さらに伊邪那岐命、伊邪那美命の男女神による日本列島、山川、海、国などの生成となってくる。この時、世界は高天原（神々の世界）と中津国（現世）と黄泉国（死後の世界）とに分けられるのであるが、ここで最も重視されているのが中津国、即ち現世であった。

又、日本の神道においては男性と女性という二つの性質はあらゆる存在の基であり、根本であり、欠くべからざるものであった。二つのもつ性質がなければ天地もなく、自然もなかった。[3] このような男性的なるものと女性的なるものとの均衡した価値観は日本人の心に大きく位置づけられてきた。日本においては二つの性質があらゆるものを産み（むすび）つくってきたのであった。

これはキリスト教において神（ヤハウェ）が一人で天地を創造した[4]というものとは基本的に大きく異なる。キリスト教の「初めに言があった。言は神と共にあった。言は神であった」[5]ではじまり、神が次々と天地を創造していったというものとは大きな違いを持つと同時に、そのことば（ロゴス）とは男性を示すものであり（logos は男性名詞）、それは又「神」を意味する言葉であった。したがって天地をつくった神は男性であった。男性という性質を有した、ただ一人の神があらゆるものを創造したとするものと、男性的なものと女性的なるものとの二つの極にある性質の均衡概念、又は二つの極の「中」をいこうとする精神、いずれか一方をとろうとしない性質、などはキリスト教との価値観上で大きな違いを形成することとなった。

(3)　神道にみる母性原理と「均衡の精神」

古代日本においては南方より稲作が導入され、農耕文化が発達するにともない、母なる大地に宿る神々への信仰心を強くしていった。豊かな収穫を祈り、又その収穫に感謝していくうちに、それは共同体の祭礼となっていき、祭りの宗教となった。したがってここには教義や聖典はなく、個人の救済を目的としてはいない。その宗教性は共同体的であり、地縁、血縁で結ばれた連帯意識をもつものであった。

ここから同じ村落に住む村民は同じ鎮守の氏神様の氏子であり、身内であるという意識が強まり、こうした宗教的連帯意識が「身内意識」を強めていったといえる。これにより神は公的なもの、社会的なもの、日本民族全体を守ってくれるものとなり、それらの神々を「まつる」ことは公的なことであり、社会的なまつりであるとともに民族意識を明らかにするものであった。(6)

神話における民族の深層心理の解読はユングにおいて大きくとり上げられてきた。それは『古事記』においてもその基点には先にみたところの母性的なるものと父性的なるものとの両者が流れており、伊邪那岐命とその子、須佐之男命とによく示されている。伊邪那岐命と伊邪那美命とは夫婦神であるが、妻の伊邪那美命に先ただれた後の伊邪那岐命の嘆きようは尋常なものではない。(7)それは常軌を逸したほどのものであった。死後の世界であるところの黄泉の国にまでおいかけていき、どうかもう一度この世に帰ってきてほしいと懇願し、かきくどくのであった。そして妻の命をうばう原因となった息子（火の神）の命をも奪ってしまった。伊邪那岐の執拗な願いに負けた伊邪那美は、決して自分の姿を見ないことを約束させた上で、この世にもどるため再び姿を消すのであるが、これを待ちきれない伊邪那岐はこの約束を破って妻をさがしに行き、その屍体を見てしまう。(8)

こうした伊邪那岐の一連の行為は、一時も、妻と離れていることができない状態をしめしているのであるが、それは伊邪那岐の子、須佐之男においても同様で、父の言いつけをきかず、黄泉にいる母のところに行きたがって世界をすっかり混沌とした状態におとし入れてしまう。さらにそれがかなわないことを知った後には高天原を

治めている姉の天照に会いに行き、慈母のごとくふるまう姉にあまえきり、さんざん手こずらせることとなる。(9)

こうした須佐之男のやはり常規を逸した母および姉への思慕の仕方は母性からぬけきることのできない状態、即ち自我を母性より分離して大人になりきれない男性をあらわしているといえる。母とも姉とも固着しており、自立できないでいる須佐之男の姿は父である伊邪那岐が妻から自立できない姿とも重なっている。ここに日本文化の基底又は深層心理としての母性原理をみることができる。

しかしそこには必ずしも母性的なものだけではなく、父性的なものも必ず入っている。須佐之男は高天原の姉(天照)の下でさんざん悪さをした後、ここをおい出されるのであるが、その後、出雲に下り、そこで八俣大蛇を退治し、妻をめとるのである。ここで須佐之男は固着しつづけてきた姉の天照から分離し、母性から自立できたといえる。しかし又、大蛇退治のおりに得た草薙剣を姉の天照のもとに持っていくというように、また母性にひかれるところが示されている。

このように日本神話は母性的なものが強くはたらいているのであるが、決してそれだけではなく、そこには又潜在的に他方を含んでいるのである。それは片方が優位のようにみえながらも、決して一方が完全に優位を獲得しているものではなく、それら両者は繰り返し生じてくるものであり、一方の完全な優位性は認めてはいないのである。

これに対して西洋の神話ともいえる『旧約聖書』においては唯一の神とそれに敵対するサタンとの関係は明らかに絶対的な善と悪との対比であり、キリスト教の中には絶対的な善と絶対的な悪という観念が常にある。しかし日本の神話である『古事記』にはそうしたはっきりした敵対関係はない。たしかに天照大神と須佐之男命との対立は生じているのではあるが、ここでもどちらが絶対的な善、又は中心だとは規定してはいない。たとえ一時的にはどちらかがそのように見えたとしても、次にはその反対がそのように見えてくるというように、何かを中心におくように見えても、次にはそれと対立するものがでてきてバランスを保たせるということがくり返し述べられている。

このように日本の神話においては対立的な存在が微妙に均衡をたもたせながら存在しており、何かの原理が中心を占めるというようなことはない。それは前の世代における矛盾を、その時存在していた別の価値ととりかえることによって新しい段階に止揚させようとしたのであった。しかしこれはあくまでも止揚されることによって「総合」されるのではなく、「融和」されるのである。このように巧妙な対立と融和とをくり返しながら巡回していくというもので、これは統合というよりも均衡の理論であった。

それゆえこれは永久に中心点に到達することのない理論だともいえ、権力をもつものによる統合ではなく、相対立する力を均衡させることによってなされるものであった。善と悪、正と邪というような絶対化された中心がある場合には、それらは必ず相容れないもの、反対の立場にいるものは外におしやろうとするために、決定的な戦いが生じてくる。その点において日本の神話のもつ精神は、対立するものとの「共存」を許すものだといえる。[10]

2、「和」の精神と中庸の思想

(1) 仏教における「中道」の精神と「和」

日本における汎神論的世界観は日本の神話である『古事記』にその精神が示されるとともに、それは「神道」という民族宗教をかたちづくっていった。それは日本人の深層心理に大きな影響を与えてきたのであるが、ここにさらに外国より伝来したものに仏教がある。仏教も汎神論的世界観を持つものであり、母性原理的要素も強く持っており、あらゆるものとの等距離性（中道）の精神を強く求めるものであった。

仏教は欽明天皇の一三年（五五二年）頃、百済から伝来したとされているが、渡来僧による初期の仏教界のリードの後、日本人における最初の仏教者の誕生は女性であったという。それは『日本書紀』に三人の尼僧が初めて得度したと記されるとともに、「仏法の始まりはここより興る」[11]とある。当時日本には受戒のための制度および設備がなかったため、百済へ留学し、ここで戒を受け出家したといわれるが、その後より奈良時代までに出家した僧の四割は女性だったという。[12]

これをさらに広く伝えたのが聖徳太子であるが、太子は数多い大乗仏典の中から『維摩経』『勝鬘経』『法華経』を選び、特に『勝鬘経』については自ら時の女帝、推古天皇の前で説かれたといわれている。[13]この経典は他のものとはちがい、勝鬘という一女性が釈迦のゆるしを得て自己の宗教観にもとづき仏教の理想、大乗精神を述べた

ものので、正しく遍らない法を釈迦に代わって説きあかしたものである。(14)

太子はさらに仏教教理の学問的研究にもはげみ、『勝鬘経義疏』『法華経義疏』『維摩経義疏』などの著作をあらわすとともに、それらを現実の政治の中に生かそうとしたのが「十七条憲法」であった。それは「和をもって貴となす」「篤く三宝を敬え」という第一条、第二条に述べられている。この「和」(15)という仏教理念が時の政治上の最高責任者によって最初の憲法である「十七条憲法」において第一条に述べられていることの意義は大きい。以降「和」の精神は政治における中心理念であるばかりではなく、あらゆるものの根本思想ともなっていった。そしてそこには大いなる大乗精神とともに、母性的なるものの精神が流れているともいえる。これらはさらに「中道」「平等」の思想、精神を生み、これら太子がかかげた三つの理念は今日にいたるまで日本の民族精神の中心を形成してきたといえる。

神道とともに、仏教における母性的なるものの見方は、西欧におけるキリスト教による父性的なものの強い文化と大きなちがいをもたらした。仏教においてはキリスト教が意味するような神=男性の存在はない。釈迦は男性であっても神ではなく、あくまでも悟りをひらいた一人の人間である。その涅槃に入った人間が、人間（男性でも女性でもない）に対して悟りに至る教えを説いたものである。

「悟り」とは知的対立の世界を超越した、無分別の「あるがまま」をさとり、無想の世界に入ることである。そしてその悟りは釈迦によって「四締」として簡潔に説かれている。その第一は自然の基本的特徴を「流れ」又は「変化」ととらえ、すべてのものは一時的なものだという基本的事実を受け入れることであり、それに抵抗し、固定した形にしがみつくところに苦しみが生ずるとされ、無常と無我とを説いている。

我々がするところのさまざまな経験の中には自我などという主体は存在し得ず、これらは真実をともなわない知的概念だとした上で、このような概念にしがみつくことは固定した考えや思想に執着することとなり、苦悩をもたらすもとになるとした。そしてこれらはまちがった見方、即ち「無明」より生ずるものであるとし、それが流動的な現実（真実）を頭で考えた固定的な範疇（永久不変なもの）におしこめ、無益な執着を生じさせているとした。

こうした状態からの解放が悟りであり、涅槃であるが、その道は相反する二極のまん中を行くこと、即ち有・無、断・常などの対立した世界観を超越したところの「中道」であると強く述べている。このように釈迦はその教えを一貫した哲学体系として述べるよりも、悟りに達する方法として述べており、「平等」に対しても、それはすべての存在に対して等距離を保つよう努力することであり、すべての存在に対して等しく対することであるとした。

このような大乗仏教のもつ中道の姿勢は、その後日本的仏教として法然によって浄土宗として一般大衆の中に深く広められていった。又、釈迦入滅後、馬鳴[16]は悟りに至る道を「あるがまま」に求め、龍樹[17]は真実とは究極的には概念や思想によってとらえられるものではないとしてこれを「空」とよんだ。空とは何ものも特定の固有性（自性）をもたないものであり、すべての概念的考え方の無意味さが認識されたとき、リアリティーは純粋な「あるがまま」の姿で体験されるというものであった。

それは人間によって作られたリアリティーに関するすべての概念が究極的には「空」であるということであると同時に、一つも独立絶対の実体はなく、あらゆるものは相依り、相互相資の関係（相互関連性）のもとにあるという相依の原理を生じさせることになった。[18] 個我の執着を離れ、対立観をなくし、自他無差別の境地および、すべての事物は互いに他の存在要因を必要としているということ。すべては相互依存的であり、相対的・関係的であってほかの存在に依存しない自立した存在などはあり得ない、というところからはおのずと「中道」「平等」「和」の精神が生まれてくることとなる。

こうした中道思想、平等思想はその後、法然においてさらに難行苦業主義の仏教、戒律のきびしいものから、欲望を中道的に止揚させる仏教、浄土教となり、物心両面にわたる人間生活の充足を最終目標とするものへと変えられていった。[19] 法然は念仏者の生活にとっては自然な姿において生きること、自然な人間性を豊かに持つこと[20]こそ宗教生活を充足させるものとなるとしたのであった。

(2) 儒学における「中庸」の思想と「和」

仏教におけるこうした無戒思想への傾倒は、仏教のもつ精神、即ちいかなる絶対的権威も、絶対的原理も原則も認めようとしないことと共に、ここでの最大の価値は「中道」であり、「和」であることとなった。これらは基本的には母性原理といえるものであり、神道とともに日本の仏教は本質的には母性的な精神の強いものであった。

こうした聖徳太子以来の日本の精神文化の形成に対して全く反対の父性的要素をつぎこんだものが儒学であった。儒学は仏教伝来後まもなく入ってきたといわれるが、日本においてはそれは主に律令制度などの政治体制とその運営の規範とされた。社会の組織と制度とを合理的にし、秩序の原理を適用することによって体制の運営をスムーズに行なわしめようとしたものであった。それは集団組織の安定をはかり、人間の集団内部での生き方に関する秩序原理を与えようとしたものである。

儒学思想は実践的な倫理を体系化したものであって、その倫理体系は家族集団主義によって構成されており、家族の間における倫理がすべての社会組織に拡大適用されているのである。したがって、それは人間集団の原型である家族から人間集団の生き方を求めていこうとしたものであった。「人間」という言葉（文字）は、人間が孤立した別個人ではなく、集団として生きていく存在であることを示している。

こうした家族集団主義の倫理とともに、人間と人間との調和、さらに歴史と人間との調和観をつくっていった。人間と人間との調和ということは人間関係を円滑に保っていくことであり、それには正しく、あるべき秩序が存在していなくてはならず、それが倫理体系であった。そうした倫理体系の実践があってこそ人間の集団内部における調和が保たれていくのであった。

人間が集団生活を営むための秩序、即ちそこでの人間関係の倫理体系は「忠」および「孝」に示されている。「忠」は君主（国家）に対する服従と奉仕を教え、「孝」は家族集団における人間関係の秩序、即ち上位の者に対する尊敬と服従とを求めたものであった。国家という大きな集団における共同体意識に基づいた倫理体系を「忠」とし、家族という小さな集団における共同体意識に基づいた倫理体系を「孝」としたのであった。

したがってこれは家族主義の原理によって国家をも大きな「イエ」とみなし、一体化した倫理体系であるともいえる。儒学は孔子においてはその中心は「礼」と「仁」とにおかれており、政治的、社会的規範としての「礼」が尊重されれば社会は円滑に運営されるとされ、この上にたってさらにあるべき人間の姿を求めたものが「仁」

であった。「仁」とは自分自身を抑制して徳を行うことで、それによって家庭及び国家の秩序を守ることが最大の目的であり、そこに「孝」や「悌」が重要な徳目として入ってくる。「仁」とは他人にまで孝を推し及ぼした時に現出してくるものであった。

しかし日本においては儒学を導入する時点、即ち聖徳太子による十七条憲法の制定時においても、そしてさらに時を経るごとに「孝」よりも「忠」にその中心が移っていった。そして日本においては君（天皇、国家）に従い、社会との和とバランスを保っていくことが最大の価値観となった。ここに太子の「和をもって貴しとなす」という思想があるといえ、それは又それまでの日本の民族精神を作ってきた宗教的伝統・神道との接点であるともいえる。

神道が同族同士に帰属意識をもたせ、その内での秩序を「和」に求めたように、儒学導入[21]にあたってもその目的は国家のシステム、組織原理としての「秩序」とともに、それを維持していくための日本の民族精神との接点ともいえる「中庸」の精神の導入であり、それとの融合であった。

先にみてきたように神道（民族宗教）における均衡、融合、和の精神は、仏教における中道と平等、儒学における中庸の精神とともに「和」の精神をさらに確固としたものとし、日本における最高の価値観をつくりあげていったといえる。

(3) 日本の社会原理としての「和」の精神

汎神論的、多神教的思考方法から生じるところの状況主義価値判断および相対主義的価値判断をもった社会は、母性原理社会といえ、それはユングのいうところのグレートマザーというとらえ方を心理だけではなく、宗教その他から発展継承させた概念である。そしてそれはその民族の最も奥深い所に横たわっているところの深層心理のことをいい、社会的、制度的なものをさすのではない。制度ではなく、その民族の持っている価値観形成上に役立っているところの深層心理のことである。

そして母性的といわれる行動原理の第一の特徴は行動における基本的様式が情緒的であり、行動を動機づけているものがその「場」における心理的緊張をやわ（和）らげようとすることである。それはおかれた状況下で感性的にその場の状態を把握し、情動的に行動しようとするもので、適応性、柔軟性にとんだ、場の緊張をときほぐそうとするものであった。そしてこの行動様式の基にあるものは対象あるいはその「場」におけるものとの一体化、同一化を求めようとするものであり、こうした深層心理の元型は母性的なもの（母子の心身ともの一体性）を求めるところにあるといわれている。

しかしこれらが社会的レベルになり、母性原理社会となると、これらの特徴は社会又は集団における調和的全体性が要求されることになる。集団との「和」と一体性とが大きな目標となり、そこにおけるリーダー（長）は集団内の平和と調和、均衡と平等とを保ち、集団の統合と和を維持できることが第一の要素とされることとなる。又リーダーと成員との関係も母子関係と同じく情緒的なものとなり、成員同士の関係も同様である。

一方、父性的とされる行動原理はその基本様式が意志的であり、ある目標に向けての自己の厳しい管理であるといえる。そしてそれは対象からの自律、分離であり、母性的な一体性から自己を自立させようとするものである。このように父性的というのは心理学的にいうならば、最初の母子一体で情緒的なつながりの状態からぬけだし、自我又は自己を独立させていく過程であるといえる。したがってここでは母のひざより切りはなし、分離独立させるとともに、社会的規範、道徳的自律性の確立が要求されるのである。

こうした父性的社会は当然、先に見たように、ユダヤ教・キリスト教の影響によるものが大きく、そこでは唯一絶対の神、創造主と人間との関係はきびしい「契約」によって成り立っており、非常に意志的倫理的なものが強いものであった。このような父性的宗教は日本にはなかったのであるが、東洋において唯一それに近いものを持っていたのが儒学であった。

儒学はきわめて意志的、道徳主義的なものであり、その意味においては日本の深層心理としての母性原理の中には受け入れられにくいものであったが、それゆえあえて契約的倫理的な要素を導入する必要があり、それが十七条憲法として母性的な「和」の精神とともに道徳的、倫理的な要素として組織原理に応用されたといえる。[22]

日本古来の宗教的伝統である神と人とのへだたりのなさ、共に食し、共に歓ぶ関係の下では当然、神と人との間には厳しい倫理的契約はなく、自然的で情緒的なものとなってくる。そしてそのような伝統の下での社会は個の確立、主体的意志が強固な社会というよりも、「和」の精神が最高の価値となる社会原理を有する社会となることは当然のことであるともいえる。そしてそれは仏教における戒律の重視よりも「中道」の精神を、儒学においても秩序原理とともに「中庸」の精神を強く導入し、日本の「和」の精神に大きな影響を与え、日本の民族精神の形成上にさらに寄与してきたといえる。

註

（1）本居清造編『増補本居宣長全集』第一巻、吉川弘文館、一九二六〜一九二七年、一三五〜一三六頁。
（2）『日本書紀』巻第一、神代上、天地開闢。
（3）『神道大意』吉田兼俱、この書の巻頭には「夫れ神とは……陰陽に超えて而も陰陽を成す」とある。
（4）『旧約聖書』「創世記」、第一章、第一節。
（5）『新約聖書』「ヨハネによる福音書」、第一章、第一節。
（6）日本の天皇は本来、外国における王（キング）とは異なり、統治するリーダーというより民族的象徴としての上（カミ・うえにいただいているもの・民族の総和としての存在）であったため、その任務の重大なものは神々をまつることであった。
（7）『古事記』（『古事記祝詞』）、岩波書店、一九五八年、六一頁。「御枕方に匍匐御足方に匍匐ひて哭きたまふ」と述べられている。国学者本居宣長はこうした心情こそ人間本来の「真心」だとし、自然に感じ動く人間の心情「実の情」に高い評価をおいた。「男らしくきっとしてかしこい」意志的態度はうわべだけのつくりものにすぎないとして、日本人の本来のこころとして感性表出的（母性的）価値を強く認めた（『柴文要領』）。
（8）『古事記』（『古事記祝詞』）、岩波書店、一九五八年、六五頁。
（9）前掲書、七九〜八一頁。
（10）本居宣長は日本古来の精神を「真心」とし、それは「生れつるままの心」としている。そしてそこには「智なるもあり、愚なるもあり、巧なるもあり、拙きもあり、悪きもあり、さまざま」だという（『葛花《くずばな》』）。
（11）『日本書紀』下、中央公論社、一〇五頁。
（12）本来仏教にも神道にも女性を男性より劣った人格としてのとらえ方はなく、ただあるのは「血」への穢《けがれ》の意識だけであった。したがってこれはあくまでも生理的なとらえ方であって内面的なとらえ方ではなく、当時は全国に国ごとの国分寺とともに国分尼寺が作られたこともこれをよく示している。推古三二年の調査では僧侶八一六人、尼僧五六九人とある。(『日本書紀』下)、中央公論社、一五四頁。

(13)『日本書紀』に推古一四年(六〇六年)橘寺で行われたとある。又三日間の太子の講経に強く感動をおぼえた天皇がその布施として水田百町歩を賜り、太子はこれを法隆寺伽藍の建築にあてたという。(『日本書紀』下)、中央公論社、一三六頁。

(14)『勝鬘経』中村瑞隆、宝文館、一九六〇年。

(15)『勝鬘経』(十受章)の中に布教の仕方が述べられており、相手に対して穏健に説得する摂受と、反対者を強引に改心させる折伏とがあるが、ここでも摂受すべきものは摂受し、折伏すべきものには折伏すべきで、折伏摂受こそが法(教え、ダルマ)を永遠のものとさせるものだとしている。このように温和な摂受と強硬な折伏のふたつが、人を救いにみちびくものとしているのであるが、聖徳太子も『勝鬘経』の解説書である『勝鬘経義疏』の中で力の概念を道力《どうりき》と勢力《せいりき》とに分けて(道理の力と実力とに)おり、摂受と折伏との二方法は矛盾するものではなく、真理を他に伝えようとする者が常にこころえていて、兼用すべきものだと述べている。

(16)インドの二世紀頃の仏教僧で大乗仏教の中心的教理となった『大乗起信論』で大乗精神を広く伝えた。しかしこれに関しては五世紀頃の別の馬鳴の作ではないかとの説もある。

(17)二〜三世紀のインドの仏教学者で、大乗仏教思想の基礎づけをした。特に『中論』において「空」の思想が述べられ、いっさいのものが他との依存、相関、相依の関係の上にはじめて成立しているとし、独立存在は不可能であり、それを「空」ととらえた。ここで一切のとらわれは失われ、又一方にかたよることがないためにそれは「中道」ともいえるものであった。このように独立の実体ないし本質(自性又は自性をたてようとする考えそのもの）をあり得ないものとして否定し、それを深く体得したところを「空」とよび、それは即ち中道でもあるとする。

(18) これは特に『華厳経』において強く述べられている。特に前半における「統一的真理」をあかしているところに「一乗妙法」として述べられている。

(19)「仏説観無量寿経」、江部鴨村訳『浄土三部経』、隆文館、一九二〇年。

(20)『教行信証』自然法爾といわれ、自然のままに生き、自然のままに死ぬ。これこそ親鸞のいう「自然はすなわちこれ弥陀国なり」であった。

(21)「存る」状態を肯定してきた日本の民族的伝統に対して、「存るべき」姿を求めるために導入されたといえる。それは長い間の蘇我氏、物部氏による争い（氏族制度よりくる弊害）を廃し、国体の尊厳とあるべき姿を示し、人心の依るべきところを道義の精神として明らかにするためであった。

(22) たとえば貴族、官吏に対する秩序としては「十七条憲法」第三条に「詔を承けては必ず謹め」とあり、第四条には「群卿百寮、礼をもって本と為せ」とある。又第十五条には「私に背いて公に向うは、これ臣の道なり」とある。

三、日本文化の原型としての「日本的集団主義」と「イエ」

1、個人主義とキリスト教

(1) 信仰と救済

これまでみてきたように、西欧の文化はキリスト教文化、さらにさかのぼればヘブライ文化となり、旧約聖書の時代パレスチナ（イスラエル）の地にいきわたったものであった。新約にしても旧約にしても「約」とは神が人に対する救済の約束を意味しているものであり、「旧約」とは神がイスラエルに対して与えたところの契約であった。そして契約は律法という形をとり、これは神の厳粛なる命令であった。従って民はそれに絶対服従する義務を負わされていた。即ちイスラエルはヤハウェ（神）を唯一の神として礼拝する義務を負うとともに、ヤハウェはイスラエルをあらゆる危険から守る責任を負うというものであった。このようにユダヤ教の神は裁きの神であり、超越的なものであり、強力な権力と力とをもった支配者であるとともに、意志的な行動原理にもとづき、目的志向的であった。

近代社会という時、それはキリスト教から導かれた多くの特徴をそなえている。そしてそれは先にみたように宗教改革による聖書中心主義、聖書至上主義からくるところの非常に強い原理主義を導くとともに、いかに生き、いかに救われるかも聖書、すなわち神によってのみ伝えられ、なされるものとなった。宗教は人間の生と死という現実を前に出発したものである以上、この救いの問題は非常に重大なものであるが、それは宗教改革により、教会という世俗の権威から離れ、信仰の主体が個人におかれたために、各個人は神と直接向かい合うこととなった。こうして個人は自らの意志と責任とにおいて神と対峙すると同時に、あらゆるものの助けをかりない、即ち(信仰の仲立ちとしての)組織までも否定したところの(近代)個人主義の精神を得たのであった。

こうした一切の組織及び権威からの独立と、個々ばらばらになったものが、自らの意志と責任の下に聖書(神)とむすびつき、神という超越的なもの、絶対的なものの前でひたすらその恩恵にたより、その福音(審判)を待つということは、人間の無力を示すことでもあった。キリスト教においては人間がこの世で苦しんでいるのは人がアダム(1)において罪を犯したからであり、全人類は罪人であるとする。神は完全に公平かつ慈愛にみちたものではあるが、人間の苦しみは「おのが罪」ゆえにある、という原罪思想を持っている。神は人間を創造する時、自由な意思(2)を与えたにもかかわらず、その自由意思を乱用し、神に背いて「木の実」(3)を食べて以来、楽園をおわれ(4)、永久に苦しむこととなったのである。

アダムが自由を乱用して悪を選んだことによる原罪は自己の力によって逃れることはできず、その唯一の道は神の恵みにたよることであった。そしてそれには各人がイエスに対する信仰を持つことであり、福音書においては「個人」が天国に入るにはどうしたらよいかという「自己自身の関心」とともに、あの世とのかかわりに関することが述べられている。イエスは「わたしは道であり、真理であり、命である。だれもわたしによらないでは、父のみもとに行くことはできない」(5)「時は満ちた、神の国は近づいた。悔い改めて福音を信ぜよ」(6)と言っている。最後の審判が近いことを述べ、それには何をなすべきか、「個人の救い」について述べている。「自己自身の救済」への関心とともに、イエスは「喜び、よろこべ、天においてあなたがたの受ける報いは大きい」(7)として「個人的な報い」についても約束しているのである。それだけにイエスに従わない時には、厳しい裁きがまっていた。「もしあなたの右の手が罪を犯させるならそれを切って捨てなさい。……全身が地獄に落ち込まない方があなたにとって益である」[8]と。

このようにイエスは「天国と地獄」というような、即ち報酬と刑罰というような思想をもって個人に訴えたのであった。これはどちらも自分自身の利益につながるものであり、人が報酬を希望するのも、刑罰を恐れるのも自分自身のためであった。このような思想を背景に西欧における利己心は育っていったともいえる。又、自分自身が天国に入るにはイエスに対する信仰が決定的なものであった。「御子を信じる者は永遠の命をもつ、御子に従わないものは命にあずかることができないばかりか、神の怒りがその上にとどまるのである」[9]というように、どれほど道徳的な善い生活を送ろうとも、イエスを信じなければ救われないのである。

(2) 自律的精神の形成と近代個人主義の成立

キリスト教においては「信仰」に決定的なウエイトがあり、イエスを唯一の「救い主」として認め、信じることが最も重要なことであった。そしてイエス・キリストに対する信仰とは、罪人である人間を罪から救い、その罪をつぐなうためにかかった十字架上の死を、イエスの福音として受け入れることであった。人は律法によるのではなく、信仰によって義（正しいもの）とされるのであった。律法によって義が得られるのならイエスの死はむだになってしまう。人は正しいことをした時（律法にかなった時）正しい（義）とよばれるのではなく、神を信じ、神を信頼する時に正しいとされるのであった。このようにキリスト教においては自己自身の救済のために神の恵みを期待し、イエスも己を信じる人々に関心を向けたのである。こうした信仰にのみすべてのよりどころを求めるというところから、神の前においては何人も等しく、平等であるという精神を培っていった。

カルヴァンの予定説も近代的個人主義の発生における精神的基盤となった。それは、統治者であり、全能かつ絶対である神は人間の全歴史から人間個々人の運命に至るまで、神の意志にかなうように予定されているというものであった。したがって生起するものはすべて神の命令によるものであり、世界は神の摂理によって統治されているのであるが、人間の理性ではこの意思を知ることはできない。しかし人間が知り得ることは、人類の一部はあらかじめ救いを予定されており、他の人々は永遠に見捨てられたまま滅亡への道が予定されているというものであった。それは不安な孤立化を導くと同時に、そうした内面的孤立化が内面的自律性をもたらし、近代的個人主義へと向かわせた。そして世俗的権威から開放された個人の内面的自律性の肯定が、良心の自由の肯定となり、人格の発見、平等主義ともつながっていった。

キリスト教はその誕生において、即ち旧約の時代より一神教として唯一絶対の神を持つ宗教であり、神の持つ唯一性、絶対性は普遍の真理であり、理性であった。近代のプロテスタンティズムはそこにさらに偶像崇拝を戒め、神への崇拝の念を人々の信仰心のみに求めたのであった。ここに神は「形」をはなれ形而上的なものとなり、唯一絶対の力を持つ創造神であると同時に形而上的なもの、普遍的なものとなっていった。こうした絶対性、理性、普遍性はその後、近代の合理主義をかたちづくっていくこととなり、普遍的、絶対的な理性が価値の中心を占めていくようになった。ここに表面的には神に代わって理性が前面におし出されてくるのであるが、その背後には「神」の理性と絶対性があった。

こうしてヨーロッパ近代の精神は理性的精神となり、個人に分解された「個」＝「我」の中心となった理性的精神とは「明晰」で「論理的」なものとされ、そこにおける人間像も客観的・普遍的・抽象的なものとなっていった。ここに「近代」の理性的人間像ができ上がるとともに、知的伝統の中心にすえられるようになっていった。近代的理性は「我」、即ちデカルトのいう「我思う、故に我あり」に代表されるように、あらゆるものをたちきった「自己」、何にも依存することのない自律的精神のみが「絶対」に確実なものであるとされたところから出発した。デカルトは理性的精神をこの「思う我」に求めると同時に、それは他のいかなるものをも必要とせず、それだけで存在し得る、という精神の自律性を説いた。

2、日本的集団主義と「イエ」

(1) 「無我」と「調和」

これに対して東洋の思想、特に仏教では「自己」・「個我」の否定、自己中心性の克服、自己愛の克服が最大のものであると同時に、あらゆるものはそれ自体が独立して存在していることはあり得ないととらえている。従ってあらゆる存在は互いに関係を持ち、「われ」又は「わがもの」という観念からは自由でなければならず、自己の利益と他人の利益とは衝突するものではなかった。

キリスト教における神は愛するものの中に「不義」（おのれ以外の神への崇拝）を許さず、[10]「契約」で結ばれていた。従って神はおのれのみを崇拝しているかぎり「契約」によってそれを守ろうとするかわりに、その意に従わないものにはしばしば死をもって与えているように、神はおのがあだに「報復」し、おのが「敵」には怒りをいだくものであった。このように神は自分一人だけを愛し、崇拝することを求めたのであるが、これは「唯一絶対な真実」への強い態度でもあった。

しかし、仏教思想においてはこうした「邪悪なるもの」への「対決」という思想は存在してはおらず、対決による「邪悪」への否定ではなく、「知慧」によって相手の「邪悪」をてらし出し、「慈悲」によって相手の「無明」(11)を開こうとしたのであった。特に大乗仏教においては釈迦以外にもさまざまな仏が想定されているのであるが、それらは慈悲ゆえに人間世界に救済におもむくというものであった。

このような東洋的価値観は日本人に自我、個の確立を与えなかった。それは個人は広い見地から考えられており、人間を家族、社会、宇宙の一員としてみなしたからであって、これにより、東洋においては常に自己を万物の本性に一致させようとしてきた。これは東洋文化のあらゆるものがもつ思考方法で、日本においてもan individualというより、the individualを望んでき、そうなるように注意を集中してきた。これが自我の確立の不徹底さとなり、自己主張の弱さを生み、曖昧性、多義性、両極性等の属性を生んできたといえる。

このような東洋の思想は基本的には農耕社会の持つ自然観と共同体社会のものであるといえ、それは「共生の思想」でもあった。「共生」とは自然と人、人間と他の生きもの、人間同士がともに互いを生かしつつ生きる思想であった。そこに必要なものは「和」と「調和」であり、すべてのものを関係的、相互依存的にとらえることであった。それには中庸（中道）、謙譲、平和的解決が一番必要であり、東洋の思想を形づくったとされる儒学、道教、仏教のいづれもが基本的にはこのような態度を持っている。

東洋においては「自然」とは「他者の力を借りないで、それ自身に内在する働きによること(『列子』)」というとらえ方があり、「おのずからある(『老子』)」ものであって、だれかが創ったものでも、何かによってそうさせられているものでもない。そこには万物の主宰者、造物主という他者はおらず、万物はそれぞれの固有の根拠から自生し、それぞれ存在の根拠をもっており、他者の介入を許さないものであった。したがってこれに則ること、改造ではなくその摂理に従うことが「則天自然」の思想であった。

それは天道の合法則性や調和性を讃え、それをもって人の道を示したものであり、天地間の万物は相互依存関係にあると同時に、調和的に存在しているとの概念であった。従ってそうした唯一絶対の神をもたない東洋においては、人も神も、天も地も、森羅万象あらゆるものが調和的な宇宙の有機的な部分を構成しており、それぞれは自らの与えられた所において重要な社会の構成要員として自己の利益を、中庸の精神と謙譲の態度をもって抑制し、究極的には世界(宇宙)の調和に資すべきものとされてきた。人間間の調和は宇宙の調和と結びついたものであり、自然的秩序に従って平和に生活を維持することこそ最も望ましいものであった。したがってそれらをこわすような紛争が生じた時、最も大切な方法は白・黒を決することではなく、そしてまた勝者と敗者とをつくることでもなく、調和が回復されることであった。

これまでみてきたように、東洋における究極者は唯一絶対の神ではなく、共同体の調和統合をはかり、共同体内の緊張緩和をするような存在、総宰者的な存在である。それは独自の意志及び目的を持つものではなく、「場」における心理的緊張を表出し、和らげ、解きほぐすという情動性に求められており、基本的な行動様式も情緒的となった。又普遍的な価値よりもたえず二つのものの「関係」の中にリアリティーを求めようとする相対主義の立場に立つため、行為における、状況への適合のあり方も個々に設定されることとなり、行為規範も相対的なものとなった。したがって規範の規制力は弱く、柔軟性に富んだ、感性（こころ）に中心をおいたものであった。

これに対して西欧社会においては、ロゴス（ことば＝神）のもつ物事を切断し、分離していく機能から、自己を他の事象から分離し、対象化してみる能力をもたらした。それは合理性とともに固有の自我の確立をもたらし、合理的に思考し判断したものを個人の責任において主張する個人主義を確立していった。しかし東洋においては個人主義は育たず、自己主張の弱い社会となっていった。一方、西欧の個の倫理においては個人の成長、個人の欲求充足に高い価値がおかれていたため、個人の役割、資格にもとづいた権限と責任とが明確にされ、それが個人の判断の基準となっているために、社会的人間関係は相互の自己主張と契約とに基づいて動く部分が多く、言語を介して論理的になされること[12]となった。

しかしthe individualの社会においては共通の集団に属するか否かが人の判断の最も重要な基準となっているために、その内にいるものは身内であると同時に外のものは赤の他人となる。したがって外に対しては何をしてもかまわないが、身内の中では和を保ち、波風を立てないことが絶対的に重要なものとなってき、そこにおいては言語的論理的なものより、非言語的、情緒的なものが強くなってくる。又、成員は内にいる限りは依存及び生存が保障されるが、外に対しては閉鎖的となり、内部における役割、権限は明確ではなくなってくる。そしてここでは状況があらゆるものに影響し、支配するとともに平等が基本となっている。全員がたてまえとしては絶対的に平等とされているために、個々人の能力差は前面には出てくることなく、集団での責任はあったとしても、具体的な責任の所在は求めようとしない。

このような側面を有しつつも、東洋的合理主義を儒学から強く導入した日本は、日本的合理性をもったところの集団及び「イエ」をつくりあげ、それらによって日本独特の社会原理をつくりあげていった。したがってそれらは西欧のそれとは大きく異なると同時に、価値合理性に傾き[13]目的合理性を欠いていた朝鮮、中国とも違ったものを持ってきた。

(2) 「日本的集団主義」とその精神

西欧社会からみた「集団主義」は「個人主義」の対概念としてあり、個人優先であるか集団優先であるかという二元的なとらえ方でとらえようとしてきた。しかし日本におけるそれは西欧におけるそれとは異なり[14]、どちらか一方が他より優位になるというものではなく、個人主義的なある一面を包摂したところの集団主義であった。したがってそれは個人の集団及び組織への没入とか隷属とかを意味するものではなく、個人は自主的に集団へコミットしているのであった。

それは組織への全面的な帰属ではなく他の成員との協調や集団への自発的なかかわりをとおして、自律性を表出しているともいえるものである。それゆえ、それは「集団」に自己を埋没させるというよりも、自ら「集団」との積極的な一体化をはかろうとするものであり、そこにはそれによる目的合理性も存在していたのである。即ちそれは個人と集団とが対立する関係ではなくて、一体の関係になることであった。

しかしこれは日本の文化の持つところの対立物との「融和」の概念であり、決して一方を優位とする西欧の唯一絶対の原理からは生ずるものではなかった。それは二つのものを対立的にとらえず、たえず両者は一体であり、それぞれ全く異なってみえる現象も一つのものの裏表であるにすぎない、というとらえ方よりきたものであった。それらは一体になってこそ十全な働きをするのであり、それは非常に合理的なものでもあった。

そこでは「個人」即「集団」であり、「集団」即「個人」であり、必ずしも他者への犠牲をともなうものではなく、自分自身の為のものであった。したがってここでは「個人」が「集団」へ全面的に没入したり、自らの組織やその統括者に対して忠誠心を持つということよりも、各成員が互いに協力し合うことによって組織目標の達成をはかり、それとともに自己の生活上の欲求をも達成していこうとする相利、共生の思想がはたらいているともいえる。

こうした相利、共生という考え方も一つの絶対性を持たず、共に生きていくという日本の思想から生じたものであり、自らの「分」をわきまえているかぎりは行動の自主性もかなり許されていた。そして「集団」内での有用な成員となろうとするとともに、良き「組織人」となろうとした。それは職場においては割り当てられた職務「職分」に対する自覚を持ち、忠実に、業務全般に気をつかい、同僚、関係者との調整をとおして協同の実をあげようとするものであった。

ここでは社会システムの円滑な機能を志向すると同時に、自己の属する上位システムとのかかわりに関しては自己表出をおさえることとなり、自己を客体化するにあたっては自己と他者との連関性まで考えに入れることとなる。こうした自他の「間柄」自体が自己を規定しているような社会においては対人的連関そのものが社会生活の中で最も重要な要件だと考えられており、既知の対人関係の中でのみ自己の存在を意識し、自らを対象化することができるのである。

母性原理(15)を強く導入した日本の文化は、唯一絶対の価値観、独立自存の価値観を持たず、すべては相似と相対的なものとし、あらゆるものとの総合、一体感を得ようとする文化であったため「個」が育たず、関係の中にリアリティーを求めていくようになった。したがって日本においては自己のアイデンティティーも既知の人達との関係の中に見い出そうとし、他者との関係の中でしか自分を認識できないようになってきた。

ここでは他者との一体感が先にあり、その対人感覚自体が自己の存在を確証するものであって、主体と人的客体との融合状況において成立するものであった。したがってそれは、他者との関係の中でしか自分を認識できないものだともいえる。このように相互の「間柄」を分有し、体現したところからは「間柄」それ自体の維持、充実をはかろうとするために、「間柄」はそれ自体が自己目的となっていく。そしてこのような価値意識の下では相互依存主義、相互信頼主義、対人関係の本質視等の属性が備わっているのである。

これらは和の精神にも近いものであるが、これも日本文化の持つ基本精神（大乗仏教、神道等）からきた属性だともいえる。そして日本人の行動のベースになっているこれらによって、他者とのコンティンジェントな相互作用をうまく保ちながら、自他ともに福利を享受することができるよう、連帯的に行動しようとすることを良しとするのが日本人の価値意識でもあった。したがってこのような価値意識にもとづいた集団においては、成員は集団をとおして自己実現がなされていくこととなり、集団単位で仕事を進めていこうとする。これが「日本的集団主義」なのであって、そこでは組織における仕事の遂行単位も、職場そのものにおかれ、職場集団を単位とする業務となってくる。それゆえ各人は協力し、互いに職務をカバーする必要が生じ、それは「日本的経営」といわれるものともなってきた。

こうした対人的な連関をぬきにしては自己の存在はおぼつかず、自己の存在は他人との関係の中で「関係」とともにあるのであった。こうした自己存在と人間関係との相即性は、欧米の自己依存的な「個人」からみたら理解に苦しむところであるが、東アジア諸国においては程度及び質の差はあっても同じくみられる特徴だといえる。対人的連関の中で自己の存在を意識し、自己の果たすべき役割を確認しようとする態度は、西欧の、常に何らかの関係が生ずる前に自己に固有な行動主体性を確立し、自らの不可侵的な独自性を守りとおそうとすると同時に、各自は対象化された「自我」同士であることを認め、平等、互酬的なものによって社会的行動を行なおうとする行動原理とは大きく違うものであった。

(3) 日本の「イエ」と「縁約の原理」

「状況相対的」で「関係状況」に優先されている日本人は、自己規定を相手の側から、即ち相手側の視点から行い、行動基準も他者の側に設定しようとする傾向が強い。そして母性原理的な特性から生ずるところの情緒的、心情的なものが優位に立ってくるために、日本的集団（企業等）においては温情主義となっていき、組織においても役割規定に基づく機能合理的な関係よりも、相互の「親密さ」が優位に立つところの情誼性が求められるようになってくる。

又、「間柄」の特性としてはヨソ者やアカの他人に対しては否定的な感情をいだくのに対して、「縁」によって結ばれた特定者間の関係は時間的にも空間的にも無限に広がるネットワークの一部分とも考えられており、ある種の必然性さえ感じられている。したがってここでは明確な意思表示は必要としないし、自分の意向もむき出しにはしないのである。

欧米においては各人の意図的な出会いや、取引きから対人関係が生じ、明確な意思表示が対人関係の円滑化の基本だとされており、個人主義的な対人関係観から契約的、取引的な関係によって組織に参加してくるために、自発的なコミットメントを期待することは難しい。しかし日本の「間柄」主義による社会においては、組織目標の達成のためには努力を惜しまず、「間柄」主体は個体が全体を秩序づけていくような方向で自発的に協力していくために、日本の組織体は安定性とともに「個」の集積以上の力を出すこととなる。

このような日本的な集団主義、集団的なるものはどのようなものから生じてき、どのようなものの中にそれをみることができるかというと、公文俊平氏[16]はそれを「惣」の中にみており、それは鎌倉時代以降できたものだとしている。「惣」とは間柄自体が対象化されて一つの主体性をおびたものになっているものであり、間柄の主体化が進んだものであるとされ、「惣」はそれ自身の「個性」を持つとともに、その個々のメンバーよりも強い実在性を持っていた。

そして個々のメンバーに対しては相互の同質性とともに平等性の契機が協調されており、内部においては「和」がなによりも重視された。しかし対外的には同種の他の「惣」とは激しく競合することとなった。個々の成員は生活共同体であるところの「惣」に守られ、「惣」のために生きることとなり、自分の所属する集団の為に働いたが、他の「惣」(赤の他人)に対しては無関心となった。

ここでは何らかの「惣」、できればより格の高い「惣」に所属しようとし、そこにはその保護の下に仲間と苦楽を共にするところの所属の原則、及び「惣」の管理者はそのメンバーに対して公正な「分」を与えるとともに、そのメンバーは「分」に応じたふるまいをしなければならないという応分の原則があった。又「惣」の管理者はメンバーに対して時々過分の報酬を与えると同時に、メンバーの方も時々過分の働きをするという過分の原則等がはたらいていた。

さらにここでは「甘え」に対しても寛容であるとともに、かえって理にかなったこととされ、各人の負っている義務も無限、無定量なものとなっており、物事がある程度曖昧なままにはこばれた。又、「惣」の中のメンバーは本質的な同質性とともに平等性を持っているという信念から、かえって「惣」やそこでの成員にとっては互いの状態を好んで比べ、わずかな差にも反応し、互いに仲間より一歩でも先んじようとする激しい競争を引きおこした。

このように間柄に所属することによっておのれ（自）の「分」が与えられ（「自」と「分」）、「自分」となるのであった。従ってここではどのような間柄の中で、どのようなメンバーと向かい合っているかによって「自分」が変化していくのであり、「自分」というものは状況の中で自らに配分される部分であって、状況によっていろいろと変化するものなのであった。

「惣」は「間柄」をシステム化し、集積体としていくとともに、「間柄」主体は合一すべき自己目的、即自的な値打ちをもつものとなり、日本の集団の原型となったといえる。そしてそこにおける特徴は「連帯的自律性」といわれるものであり、この自律性が日本独自の集団主義をつくっているともいえるのである。そしてそれは日本の「イエ」に最もよく現れている。

日本の集団は「イエ」に代表されるように非常にユニークなものだということができる。それは西欧の「契約の原理」によってできているものでもなく、東アジアの中国や朝鮮における「親族の原理」によってできているものでもない。

欧米諸国においては各人の重要関心事は個人間の利害関係であり、その中から契約がでてくるのであった。反対に同じ「儒教文化圏」といわれる中国、朝鮮等においては各人の最も重要な責務は両親に対するものだという。中国においては「宗族」(17)というものがあり、ここでの「族」というのは典型的な父系クランをさしており、ここでは血縁者間での強い相互依存と世代原則の遵守がつらぬかれていて、クランの長老指導者の下に全員の統合がはかられている。そして相続においては兄弟間は均等相続がとられ、互いに平等の地位を保ち、一人の祖先の下に拡張家族が形成されている。そこでは相互に助け合っていくのであるが、その内のある家長が優越した地位をもったり、他を支配するということはほとんどない。

朝鮮においても「宗中」という父系クランがあり、祖先の祭祀はその中の本家（宗家）の家長（宗孫）によってなされ、「宗長」によって任命された者が「宗中」を管理している。相続形式も長子相続制をとっているが、次男以下には分家を設け、本家に従属させていた。この点だけをみると日本のそれと似ているようにみえるのであるが、最も本質的に異なっている点は、これはあくまでも血縁者だけの集団だということである。

これに対して日本の「家」の連合体である「同族」というのは、親族成員である個人ではなく、本家や分家、奉公人や小作人等の非血縁者も含まれた個々の家があつまったものであった。したがってこれは本家や分家に従事する人々の従属と奉仕とによってまかなわれるのであるが、それらの人々は又保護及び世話を受けるというものであって、ここには多くの非血縁的「家」も含まれていた。ここには親族的要素もふくまれているため、祖先の祭祀が本家によって行われた場合にはこれら非血縁者達も参加したのであった。

このように日本における「同族」とは血縁関係以外のものをも含み、本家、分家間にはヒエラルヒーが存在していた。又本家と分家との間には永続的な責務関係があり、親族関係としてあつかわれており、単に出自と継承とによって規定されている親族原理からだけではとらえることができないものを持っている。これは経済的な服従関係でもなく、日本独自のものであるといえる。

したがってこれはF・L・K・シューのいうところの「一人の長をもつ親団体本家と、おのおの一人の長をもつ多数の分枝団体とから成りたつ一つの団体」[18]とみることができ、一つの支配集団と多数の従属集団とによって構成されているものだといえる。そして又これはシューのいう「親族もしくは擬似親族の絆によって互いにつながった、構成単位たる諸団体の強力なヒエラルヒーから成り立つ一つの団体」[19]なのである。

このように、同族組織の構成は家族的統合というより、「家」的統合であり、「家」をとおしておのおのの人が互いに同族者としての関係を保っているのである。それゆえ日本の「家」はただ単に家族というものだけではなく、生活を共同にする経営的団体のようなものであり、これは「家」ではなく「イエ」であった。そしてこの「イエ」は超血縁的であるとともに系譜性をもち、機能的階統制と自立性とをもっているのである。

日本においては「家」は団体として維持される必要があるために、その「イエ」の継続のためには婿養子という代替性を許してきた。それは全て共同体としての家における家長の地位が続くことを保障するためのものであり、その家の存続と繁栄のためのものであったから、そのためには血縁的な系譜性は唯一絶対なものではなくなり、出自の系統の継続を確保するためであるならば夫婦ともの養子縁組さえ行われたのであった。

このような場合、加入時には選択意志のはたらいた契約の原理によってなされる（ある目的のために選択をとおして結ばれる）のであるが、いったん加入した後は全く差別されることなく、無期限に集団に帰属するという血縁の原理もはたらいていた。ここでは新規加入に対しては擬似的親子関係に編入し、親族的秩序を観念的に維持することによって組織に対する質の厚い忠誠心をつくりだすとともに、「身内」だけではない「なじみ」にまでも共同体意識と同時に帰属意識を持たせ、全人格的な存在としてとらえようとするものであった。そして日本の「家」が共同体的であったということは、その結婚も共同体の維持のためのものであり、個の結合ではなかった。

しかしこのような「契約の原理」と、「親族（血縁）の原理」との双方を導入した日本の擬似親族形態は、両原理を包含しているものとして「縁約の原理」ととらえることができる。同時に、このような擬似親族形態をとって形成された組織に対しても、成員は無限定的かつ自発的に忠誠をつくすとともに、社会一般への新規加入さえも疑似的な親子関係の中に編入することによって親族的秩序を観念的に維持しようとした。

このように日本においては目的合理主義的な社会原理（縁約の原理）が社会におけるあらゆる組織原理として働くとともに、二つの原理をミックスしたところのダイナミックな社会をつくりあげていった。西欧のもつ契約の原理のみによる社会でもない、そして又他の東アジア諸国にみる親族の原理のみによる社会でもない、両原理を含んだところに日本社会のもつ最大の特徴があるといえる。

それは、一方に合理性、理性、効率性を持ちながら、他方に情緒及び感性、人間性、柔軟性、状況主義的現実性、多様性及び両極性を持っているところに日本社会の大きな特徴があるといえる。

テンニースの社会学では、社会はゲマインシャフトからゲゼルシャフトへと発展していくものであった。けれども日本の社会構成原理はゲゼルシャフトの形をとると同時に、ゲマインシャフトの伝統文化を色濃く持ち、二つの境界線がはっきりしない形でこれらのものが融合しあい均衡しているのである。

註

(1)『旧約聖書』「創世紀」。
(2) 前掲書。
(3) 前掲書。
(4) 前掲書。
(5)『新訳聖書』「ヨハネによる福音書」。
(6)『新訳聖書』「マルコによる福音書」。
(7)『新訳聖書』「マタイによる福音書」。
(8) 前掲書。
(9)『新訳聖書』「ヨハネによる福音書」。
(10) モーゼの律法によく表されており、その律法の第一が「汝我面の前に我の外何者も神とすべからず」である。
(11) 一切諸法の真理を知らないこと。真理に暗く、無知なるがために欲望や執着心などの煩悩が生じ、それにより苦しみが生ずるとする。
(12) ことばにより明示的にしかも論理的になされるのに対して、東洋特に日本においてはことばによるよりも以心伝心により黙示的（不立文字）になされることが多い。

(13) 朱子学の理気説のうち、「理を強化し、倫理的な側面（特に孝→仁）を強くしたため、目的、経験合理主義の側面が弱くなっていった。

(14) 「個人主義」が行動、主張、生存そのものの根拠を個々の「自己」にもとめる考え方であり、それが近代欧米社会の思想の正統であるのに対して、行動とか主張、生存の根拠等を何らかの帰属集団に求めようとする考え方。しかし欧米型の集団主義とは異なる。

(15) ここでいう父性（男性）または母性（女性）原理とは、人類に普遍的に備わっているパターンの一つである太母（グレートマザー）の概念よりできたもので、これは神話や宗教史の中に表現される人類の意識の起源史において、初めて未分化な混沌状態から、意識の中心たる自我が芽を出しはじめた時表れる元型だとされている。これは一方では抱きかかえ育てるものに、そしてもう一方では自我をのみ込み、もとの混沌にひき込んでしまうものである。
それは世界を母親像、女性像として表現しており、その母親元型は基本的特性を女性的なるもの（悟性のかなたにある智恵と精神的高み、慈悲深きもの、庇護するもの、担うもの、成長と豊穣を恵むもの）のうちに持つ。しかし人間の意識の発生史の中で、意識、自我が一定程度発達すると「無意識」からの「分化」と「個別化」として明確になってくる。そしてこの時点で母性原理に対して「分離」の原理である父性原理が神話の中に出現してくるようになってくる。こうした人類の意識の起源は、個人の自我形成史の過程とも対応しているのである。

生まれたばかりの子供は長い間安全を保証されていなければならず、それはふところに包み、乳を与える母親の機能がはたすものである。しかし子供が「個」にめざめ、「自我」を確立するためには母親のひざから「離れ」

ねばならず、又そうしたい。これは母と子にとってそれまでの「調和的共生関係」の崩壊であり、双方にとって心理的苦痛をともなうものである。しかし結局は心理的に安定した母親像を自らの中に内在させることによって個の自律、独立が達成されていく。しかしここで母親的機能は消滅するのではなく、個の独立のために「切断」、「分割」をつかさどる父親的機能とともに存在し、双方の一定の均衡が個人の中で保たれるというものである。

こうした二つの原理が個人の内にバランスをとって存在するとされるものであって、男性は男性（父性）原理を、女性は女性（母性）原理を持つというものではない。

(16) 公文俊平他『文明としてのイエ社会』中央公論社、一九八七年。
(17) 祖先を共有しその祭礼を行う男系の一族のこと。宗族の内部には多くの経済的家族が含まれている。この制度は周初にできた宗法組織で父子継承及び高祖より玄孫まで五世の族員の父子兄弟の親疎関係を明確にすることより生じたもの。
(18) Francis L.K.Hsu, “CLAN, CASTE, AND CLUB” 1963, by D.Van Nostrand Co., Inc.『比較文明社会論』作田啓一他訳、培風館、一九七四年。
(19) 前掲書。

III

一、経済社会システムと文化

1、日本の経済社会システムの特徴と成立過程

(1) 日本の近代化と儒学

我々は意識するしないに拘わらず、様々な価値規範に囲まれて生きており、それは社会規範となって我々を規制している。そうした価値観や規範は経済社会システムとなり、我々はその下で、それらに従い、又はそれらを支えに生活を営んでいるといえる。

文化又は社会規範及び経済社会システムは、その深層において宗教と密接な関係を持っている。従ってそれぞれの宗教が提示している価値体系を無視して規範及びシステムを論ずることはできない。しかし近代以来、日本においては宗教と社会との問題を敢えて避けてきた。明治維新以来の近代化の過程においても西洋文明という異質な文明と、その受け入れに伴って生じるであろう自文明の変革という問題に対しても、これを直視することを避けてきた。明治の近代化以来、日本においては意識的に宗教と社会との分離政策を行ってきたともいえ、それがある意味では近代化を成功させた要因の一つであったともいえる。

日本は西洋社会の表層的な部分、社会機構の面を中心に輸入してきたために、即ちそこにある宗教や信仰の輸入は拒んできたために、宗教と社会との連続性は否定されたままできたのであった。

それは丸山眞男が日本だけが非西欧地域ではじめての近代的国民国家形成に成功しつつあるのはどうしてか、

という問題意識を持った時、それを思想史的に探求した上で、朱子学の解体↓近代的思考様式の萌芽的成立↓西欧文明受容における思想的基盤の成立ととらえ、儒学を「持続的停滞の帝国」のイデオロギーとするとともに、日本はこの停滞のイデオロギーの桎梏から抜け出したが故に東アジアではじめての近代国家をつくり得たとしたのであった。こうした丸山眞男の『日本政治思想史研究』[1]における中心概念は、西洋において中世的カトリック的な世界秩序の解体によって、近代的な国家が成立してきたというのと同じ解明の仕方であった。

しかし日本の近代化過程は、儒学的西洋化の過程であったといえると同時に、それゆえに儒学的な諸理念はここにおいて西洋思想の中に吸収されていき、儒学的なるものは独自の体系としての生命力を失っていったともいえる。けれども又それらは西洋化の中でも生活、習慣としては生き残り、社会や経済システムの中に脈々と息づいてきたのであった。明治期の「和魂洋才」とは、日本的なる儒学をして「和」といっているものであり、それは西洋の中に「和」、即ち儒学の精神を見たものであって、当然その精神的な支柱には儒学的なるものが横たわっていたといえる。

そしてそれは中国の儒学とも、「洋才」のキリスト教的精神とも異なる「魂」として、戦後まで生き続けてきたものであった。戦後は形の上でこそ、これまでの和魂（即ち日本的儒学精神）を否定されたところの「無魂」（キリスト教的精神も入らないところのもの）として、民主主義を移植されたのであるが、その根底にはやはり儒学的精神が顕在化しない形（意識下）で存在し、社会・経済システムに作用してきたといえる。戦後日本人は宗教を意識することなく、習俗・習慣の中で無意識的に儒学的精神を含んだところの経済社会システムをつくり上げてきたのである。

しかし今日、それらはグローバル・スタンダードという「西洋の魂」を必要とされるところの世界基準の中にくみ込まれようとしている。ここでは戦後の「無魂」は通らず、精神的な面、即ち魂においても西洋化（キリスト教的価値観）が要求されているのである。それは、これまで無意識のうちに持ちつづけてきた「儒学的精神」の否定であり、「無魂」から「洋魂」への魂の移行の要請でもあった。

日本の近代化過程とそこにおける儒学との関係は、その後日本の社会原理として定着し、戦前、戦後を通して「日本的」なるものとして、即ち西洋の「近代」という概念からするならば非近代的なものとして、経済政策や企業経営の上に「特殊性」とともに「普遍性」を持って貫かれていった。特に戦後においては日本の非軍事化及び民主化が連合国（特にアメリカ）の強制によってなされたために、封建的遺物とされた制度や法律はことごとく廃止されていった。しかし、それらは制度的な「民主化」の為のものであって、社会構造又は社会原理そのものを否定するものではなかった。従って「民主的」な制度下においても、国民の価値観上の意識そのものには大きな変化はなかったといえる。

その意味においては明治の近代化以降の儒学的精神は、日本文化の根幹においては崩壊することなく、経済政策の内に継承されていった。又、日本的儒学の持つ「忠」への傾倒は、儒学の「孝」よりくるところの家族共同体的なものを、「家業」に精を出すことが先祖への「孝」につながるという解釈へと向かわせ、仕える「家」への「忠」となっていった。それは擬似親族型態をとるところの「イエ」となっていき、「職域奉公」としての「日本的経営」につながっていったといえる。

このように、戦後においても日本人の価値観は「日本的」であり、それは意識下における儒学的精神を体現したものであった。従って戦後復興における諸改革、諸制度への改革もこうした日本的な価値観の下でなされたものであった。それゆえ明治維新時のように、大きな制度的、体制的変革があったにもかかわらず、農地改革も財閥解体も、そして又労働改革や教育改革も、日本的に変容されつつ、儒学的精神土壌の中に吸収されていったといえる。そして明治維新時同様に、戦後改革（民主主義的経済社会システムの導入）は、日本人の価値観の基底にある儒学的精神によって「日本的」に解釈したがゆえに、かえって日本人の活力やエネルギーを発揮させるシステムになったといえる。

(2) 日本の社会原理と価値観の特徴

『論語』の季氏第十六には「国を有ち家を有つ者は、寡なきを患えずして均しからざるを患え、貧しきを患えずして安からざるを患うと」[2]とあり、均霑主義（平等分配）の思想が示されている。それは邑の論理であるといえると同時に、日本人の価値観を形成している「平等原理」とつながるものだといえる。そうした邑の論理、家の論理（日本的には「イエ」の論理）が戦後の諸改革に対して日本的な解釈を与え、戦後の経済体制、経済政策に普遍性とともに日本的な特殊性を与えることになった。

孔子の求めた儒学の精神は、すべてを家（家庭・家族）よりとらえており、そこにおける人間関係が社会的なあらゆる関係に及んでいくというものであって、人間関係、即ち「関係」こそがその核心となっている。従って、夫婦の間の関係、親子の間の関係、兄弟、主君に対するあるべき関係を求めたものが道徳であり、倫理であり、社会的秩序（礼）であった。それゆえ家庭内での人と人との関係は「個」と「全体」との関係、即ち「間柄」を重視するところの社会であって、その内においてはそれぞれ「分」をわきまえ、「気」を大切にすることで「和」が保たれるのであり、「縁」によって結ばれることが最大の価値であった。

従ってそれは西洋の個（自己）の確立を求めるところの個人主義とも、そして又、個を否定するところの全体主義又は集団主義とも違う、「なかま社会」ともいえるものであった。それゆえ戦後の改革期においても、「イエ」[3]という思想の表層は変貌したけれども、人々の行動の基本的パターンは変わることなく、「イエ型原則」として存続していったといえる。これが戦後「官民協調システム」となり、「機能的なイエ型企業体（日本的経営）」として受けつがれていった。

西洋においては家族、村落という血縁・地縁的な共同体は資本主義の発展とともに崩壊していき、その過程から近代社会が生成してきたのであるが、日本の近代化はキリスト教によらない、儒学の日本的解釈から、擬似親族型態として日本的共同体をつくりあげていった。そうした社会原理が戦後においても制度的な近代化を「日本的」に再構築していったといえる。

それぞれの社会には特定の社会の結合スタイルがあり、それは家族という基礎的な最小の単位から、企業や官庁等の社会的な結合までを貫き、社会における組織原理を作りあげている。そしてそれは家庭において親から子へと再生産されているために、それぞれの社会に固有の社会的な結合の仕方や原理はたやすく変化するものではなく、深層心理の部分においてはなおさら変化しにくいものである。それは日本の場合、西洋における「契約の原理」に対して関係や間柄を重視したところの、即ち一体感を求めたところの「縁約の原理」[4]ととらえることができ、それは中国、朝鮮における「親族（血縁）の原理」とも異なるものである。

日本の「イエ」は血縁だけによらない、選択意志が加わったところの機能集団的なものとなり、その存続と永続性とに意義を見いだしていくという、中国・朝鮮とは異なる社会原理が形成されていったのである。これが日本の官民協調システムとなっていったのであるが、それは「日本」という国家および各企業体の持続的な発展をめざしたところの日本的な「イエ」社会の継承形態であるともいえる。こうした日本の「イエ」社会における最も重要な概念は「平等[5]・中庸（中道[6]）・和[7]」であり、これは日本社会における最高の価値観であり理念であった。

これらは戦後の「民主化」の下でも日本的な精神として、日本社会の基本理念となっていった。それは戦後長い間、国民総中流と言われたように、世界でも珍しいほどに格差の少ない国をつくり「日本的経営」としての様々な特殊性を備えたシステムを作り上げてきた。その最も大きなものが終身雇用制だといえる。

(3) 日本的社会システムとしての「日本的経営」

企業の成功とは利潤を大きくすることであるとされる。しかし日本企業の場合はシェアーを大きくして会社を発展させることが、トップから現場の労働者までもが抱いていた目標であり、長期雇用を支えていく上でも企業の永続性は不可欠なものであった。そのためには長期的な展望の下で計画をたてる必要があった。しかし今日のグローバリズムの下では、長期的な成果よりも短期的な成果を求め、会社は株主のものとなることによって、これまで日本の経営者が手をつけなかった成果主義及びリストラを導入させることとなった。

その結果、非正規雇用が増え、規制が緩和され、勝者と敗者とが生ずるとともに、貧富の格差が大きくなってきた。ここでは金銭至上主義がマネーゲームを招くとともに、「信義」という言葉が存在しなくなっていった。

即ち高い倫理道徳性によって国民が自らを律するということが消滅していったのである。日本の経済発展を支えた最大のものは、日本の高度信頼社会にあったということは、世界的にも認められているところである。

互いの信頼を裏切らない誠実な精神風土、礼節をわきまえた高度信頼社会が日本をアジアでもいち早く近代化に導いた要因だと福沢諭吉も述べている。それはすでに江戸時代に確立されていたといえ、その根底には法治主義よりも徳治主義を理想としたところの、即ち、内心の道徳律を確立させることによって秩序を形成するということに中心をおいた文化があった。「内なる基準」[8]が生ずるところの「宗教」を持たない日本において、儒学は唯一「あるべき」ものを求めたものであり、武士から町人、農民までの秩序原理をつくりあげていったものであった。

日本では明治以来、近代化過程において「一身二世」という言葉があったように、西洋・東洋という二元性の下に、福沢諭吉も、渋沢栄一も、そして又夏目漱石や新渡戸稲造も、一般的には「和魂洋才」といわれているかたちで乗り切ってきた。戦後は勝利国アメリカの普遍的概念が日本の基本的な枠組みの中に組み込まれるとともに、これまでの日本の精神・価値観までが否定されたため、「無魂」のまま、アメリカの普遍的価値観（民主主義・自由主義・個人主義）から生じてきたところの「制度的」なものを経済社会システムの中に導入してきた。

しかし日本は、アメリカによって普遍主義的とされるシステムを、制度としては導入したのであるが、即ちこれまでの精神をつくってきたところの儒学的精神は否定された（形の上では「無魂」となった）のであるが、日本人のバックボーンとなってきたところの儒学的精神は、システムの内側において生き続けてきたのであった。ただしそれらは政府・企業文化においてはローカル・スタンダードとされてきた。

戦後、アメリカより「個人主義」がもたらされたのであるが、そこにはキリスト教精神という「魂」が入らなかったために、人間の行動原理としてみた場合には、個人主義の行動原理である「自分の利益を最大とする」ということよりも、「人間関係の良好な維持」そのものを目的としたものとなった。即ち個人主義が、自己中心的、自己依拠的、対人関係の手段視、などという特性を持っているのに対して、日本においては相互依存的、相互信頼的、対人関係の本質視、などという特性をもっていた。

日本社会においてはあくまでも人間関係を維持することに重点をおいているために、儒学的な「義理」に対しても、それは「正しいすじみち」という意味だけではなく、双務的な人間関係のあり方を指すようになっており、「協同体」的な関係を維持し、強化していくのに必要な「行為」となっていった。

こうした戦後の日本的システムは雇用の安定を生み、社会も階級的ではなく、貧富の差も小さく、市場的な激しい競争社会ではなかったために、緊張の低い社会であった。又、組織も相互扶助を基本原理としていたために、個人の生活保障が優先されていた。組織内、企業内においては成員は平等にあつかわれるとともに、全ての人にチャンスが与えられていたため、ダイナミズムが生じることにもなった。又、全体の情報も共有していたために、組織内においては自らの判断によって働くことができ、人間疎外という資本主義特有の病理にも陥りにくかった。

このように、戦後日本はアメリカの「制度」だけを移入してきたのであるが、今日のグローバル・スタンダードという、「精神」までをも含めた市場原理の完全なる移行への要求は、「洋魂」（キリスト教的精神にもとづくところの資本主義）を求められている。それは、唯一絶対の全知全能の神からくるところの、絶対的な正しさへの移行という要求でもあり、理性（ロゴス）[9]にもとづくところの精神の下、フリーでフェアーでグローバルな資本主義市場を求められているということでもある。

2、文化からみたグローバリズム

(1) グローバリズムと日本

アメリカにおいては近代合理主義をつきつめていった結果、即ち個人の主体性を尊重するあまり、「心（感性）」や「社会（集団・共同体）」などを劣位としてきたために、多くの社会問題を孕んできた。それは緊張と不安とを増幅させた社会であるともいえ、それを解消するためには、今日「信頼」や「連体」を必要としているといわれている。それは、アメリカは「精神科医と弁護士（訴訟のため）が最も多い国」といわれているということからもわかる。

経済学においても、これまでは近代人を効用最大化原理にもとづいて行動するものととらえてきた。これは各人が自己依拠的に行動することによって秩序が生み出されるとするものである。しかしこれまでの日本のような相互信頼・相互依存による経済システムの下では、「効用」よりも「信用」が、そして又、財や有用性よりも「関係」のほうが秩序にとって有用だということであった。それはグローバル化の今日ゆえに、かえって互いの「関係」や「信頼」が求められているともいえ、システム内部における保証された確かさや安全を確保するためには、社会原理をこれまでの「効用」から「信頼」へとシフトさせることが必要であるともいえるのである。

人は合理性、効率性だけでは生きられないし、それだけの社会はかえって活力を失っていく。人間的な温もりと信頼とに支えられた社会の必要性と、そこから生ずるX効率性[10]の可能性は経済合理性に基づく制度だけでもたらされるものではない。すべてが契約によって処理されるところの理性的な社会だけでは人間は満足できないし、感性（人間のこころ）を重視した社会の内にこそX効果をもたらす「インセンティブ（動機）」が存在するといえる。「インセンティブ」はこれまでの伝統的な経済理論によって与えられている条件だけではない、非経済的要素、即ちこれまでは無視されてきたところの諸要因によって高められるのである。

現在、日本も世界も、社会的不信はとみに大きくなっている。それを払拭するためには、グローバリズムのかかげる理念をもう一度検討し直し、真の人間（心を持った人間）関係の中で、生きている人間としての経済社会システムを考え直さなければならないのではないだろうか。日本においてもグローバリズムの波の下、これまでのシステムを全部否定する必要はないであろうし、否定されるべきでもない。それぞれの民族には固有の文化があり、システムがあるのだから。

たとえば仏教（大乗仏教）においては、「悟る」ということはすべてにおける「差を取る（なくす）」という意味であり、真理を知る（悟る）ということはおのずと対立物をなくして、等しく扱うことになるのであった。儒学においては信用（信・誠）は重要な概念の一つとなっており、社会関係の根本とされている。「信無くんば立たず（『論語』[11]）」なのである。

今、日本はグローバリズムの下、これまでの価値観を否定されたところの、差をつける社会を目指している。それは、日本人の深層心理に影響を与えてきた神道・仏教・日本的な儒学的精神の全てが持ってきたところの、本質的な平等観を否定するものである。又それは、これら神・儒・仏の精神のいずれもが持っているところの人間の本性を「善」としてとらえる価値観とも離反しているといえる。性善説を持つ日本社会においては、法律は目安にすぎず、信頼関係をもとにした約束や契約は文章にさえしないという習慣がある。

それは「約束は破られない」とすることから生じる態度なのであって、福沢諭吉も「武家と武家との間で手金だの証書取換せなどと言うことのあろう訳がない」[12]と述べているように、西洋合理主義を受け入れた啓蒙思想家においても儒学的思想、価値観は健在であった。戦後においても三島由紀夫は契約書に対して、「米国では……起こりうるあらゆる危険、あらゆる裏切り、あらゆる背信行為を予定して書きとめられている」[13]と述べ、それは人間を悪人と想定するところから生まれてくるとしているのである。

「約束は破られるものである」、又は「黙っていたら不利になる」という社会においては、第三者を介するところの契約社会が必要となってくる。そこには自己責任と徹底した合理主義の必要性とが生じてくるし、敗者と勝者が出てくるのは当然の帰結である。「規制緩和」や「自由化」というグローバリズムの掛け声とともに、各国民の価値観に混迷が生じてき、「世界の原理」というグローバリズムの下においては価値観上の相違が「原理主義」という型で過激な行動につながってくることもある。

日本人は聖徳太子の時代より、仏教を日本的仏教として受け入れ、儒学においても、それを日本的な儒学として取り入れてきた。そして江戸時代においては、それらは日本的な特徴をより鮮明にし、特殊性とともに普遍性をそなえた日本のアイデンティティーをつくり上げていった。それが日本の近代化をよりスムーズにし、戦後の高度成長にもつながっていったといえる。

明治維新時、西洋の学問、芸術（技術）に対して大きな衝撃にみまわれた福沢諭吉や田口卯吉、他の啓蒙思想家たちは、これまでの知性（儒学的教養）をもってそれらに対峙し、その上で西洋の学問、芸術（技術）をどのように受け入れ、消化していくかを考え、自分自身が培ってきた文化に根ざした西洋文化の受け入れを考えてきた。それは「拝」外主義でもなく、そして又、「排」外主義でもない態度であったといえる。

(2) 新たなるビジョンへ向けて

西洋の価値観（宗教的＝キリスト教的精神に裏付けられた価値）を持たない日本人にとっては、明治以来、西洋の精神をもとにした価値観は未だ持ち得ない状態にある。そうした中で今日行われているグローバル・スタンダードという欧米的価値観の強要は、それを鵜呑みにするか、伝統的精神文化との関係をとらえ直すか、さらにはそれらを止揚したところの第三の道をさぐるかにかかっているといえる。

戦後日本人は「魂」に触れることなく、又は考えようとすることなく、「無魂」のまま戦後の学問、芸術（技術や制度）を欧米のそれに依存、又は模倣してきた。そして今日においては、我々は魂のよりどころを無くしたまま、即ち、精神的よりどころ、倫理観の根拠となるものを無くしたまま、魂も「洋魂」であることを前提としたところのグローバル・スタンダードという高波に呑み込まれている。明治の日本人は西学東漸の強力な衝撃波に対しては「和魂洋才」で対応し、その道徳や倫理観は確固としたものを維持しつつ、西洋に対応（対抗）できる方法を探ってきた。

しかし、戦後、「無魂」となり、その価値基準をなんら持たなくなってしまった上に、欧米の魂を必要とするグローバル・スタンダードという高波に襲われている。日本は、その倫理的基準をしっかり保ちつつ、この高波に対応していくにはどうしたらよいのかの道を求めていかなければならない。

明治においては夏目漱石も少年期、漢籍を好んで学んだといい、その後英文学へと向ったのであった。その彼も西洋の標準をむねとする態度は斥け、それらを経験をとおし、追試しつつ、いかに消化すべきかに心を向けていった。新渡戸稲造も西洋の学問、芸術、精神を充分身につけていたにもかかわらず、なお且つ後半においては充分漢籍（儒学を中心とした書物）に親しむ機会を得られなかったことを悔やみ、真摯に学び直そうとしていた。

日本の近代化（明治日本のグローバリゼーションともいえるもの）は福沢諭吉、渋沢栄一、他の人々によって、多くの漢学的素養をもとに「普遍化」への努力がなされたのであった。今日においては、それは何をよりどころとしてなされるべきであるかを、もう一度真摯に考えなければならないのではないだろうか。ここで日本の経済社会システムの持つプラスの面とマイナスの面とを再考することは、新たなる日本のビジョンを構築する上での一助となり得るのではないだろうか。

「文化」とは狭義にみるならば「内面的な生活様式の体系」であり、その中心となるものは価値体系である。従ってそれは「行為の様式、手段及び目的を選択する際に影響を与えるところの……望ましいものに関する……観念である」（濱島朗編『社会学小辞典』）であって、何をよしとするか、が「文化」にかかわっているのである。それ故、企業にも「企業文化」というものがあり、企業及びそこでの支配者が持っている価値が、企業活動を行うにあたって選択するところの目的や方法に大きく影響を与えるものとなっている。

文化をもとにした経済社会の分析は、これまでにおいては社会科学的方法ではなし得ないものとされてきた。

しかし文化の研究を抜きにして経済社会の本質をとらえることもできないといえるであろう。文化はその重要性においては認識されるとしても、社会科学的思考方法での分析及び処理が大変困難又は不可能であるという理由から遠ざけられてきた。

しかし経済学においても、実際は一人一人が個性を持っているにもかかわらず、その最初の段階において「経済人」という、それらすべてから抽象化されたところの人間をその最小単位として分析するというところからは、一人一人が「こころ」をもって行動している人間の経済、社会法則、及びそこから生ずるところの経済現象を分析することはできないであろう。

社会科学は社会的現実をありのままに分析し、その法則性を求めるものであるのに対して、文化的アプローチはそのような現象の起こったことへの意味的分析ともいうべきものである。人間一人一人がおこした現象は、その奥にどのような「こころ」、心理が働いているのかということへの分析であり、現象の奥にあるものを求めるものだといえる。それゆえそれは「抽象的規則性」を求めるものではなく「抽象的行為」を求めるものであるということができる。

近代社会はルネッサンスから科学革命、産業革命を経て、効率性と合理性とを重んずる社会をつくりだし、物質的向上をはかろうとしてきたものであり、それを達成するための機能を最優先にしてきた社会だということができる。したがって、そうした力に優れた国が世界をリードし、その文化が世界に伝播していったのは当然であるといえる。そしてそれらは国民性や宗教・地理的条件や文化等あらゆるものを乗り越えた普遍的なモデルであるとされたために、民族や文化に固有な「意味空間」は無視され、民族や文化の固有性を主張することは特殊主義であるとしてしりぞけられてきた。近代文明においては学問的にもこのような部分をあつかうこと、即ち文化的なアプローチを許さず、「意味解釈」を与えることを不可能または無意味なこととしてきたのであった。

しかしながら、経済または経済発展を考えた場合、そこには経済的合理性とともに経済的倫理が個人的レベルにとどまることなく、集団レベルにおいても存在していなくてはならず、社会制度もそれにそくしたものとなっていなくてはならない。それぞれの国はおのおの社会構造が異なっており、たとえ経済発展の到着点においては同じであったとしても、独自の経済発展の型を持っているのである。

日本の近代化及び高度成長にみる文化的社会的側面及び経済の成長過程を分析するにあたっても、時間的、空間的にどのような相違があろうとも、それらは人間によって担われるものなのであるという事実と、経済がどのように形成され、発展(又は停滞)していくのかも人間、即ち人間のもつ精神によって決定されていくものなのだということがいえるのではないだろうか。それゆえに、それらは文化的な側面によって大きく規定されているともいえるのである。

註

(1) 丸山眞男『日本政治思想史研究』東京大学出版会、一九七二年、三〜六頁。

(2)『新釈漢文大系』第I巻、明治書院、一九六〇年、三六二頁。

(3) 村上泰亮他『文明としてのイエ社会』中央公論社、一九七九年、二一二頁。

(4) Francis L.K.Hsu, “Clan, Caste, AND CLUB” 1963, by D.Van Nostrand Co., Inc.『比較文明社会論—ク

ラン・カースト・クラブ・家元』作田啓一、浜口恵俊訳、培風館、一九七一年、三七一頁。

(5)『老子』第一章「道可道非常道」による。宇宙の構成、人類の発生、人類は如何に生存すべきものであるかをたづねる。万物は平等であるというのが天地自然の道の根本原則だとする。

(6)「中庸の徳たるや、其れ至れるかな」『論語』(雍也篇)と述べられているように、常に過不及なく中正の立場を保つという「中庸の徳」は最高の徳とされている。

(7)『論語』(学而篇)「新釈漢文大系」第I巻、明治書院、一九六〇年、三〇頁。

(8)「内」なる基準は宗教より生ずることが大きい。一神教の下で教典と普遍主義的な教義大系をそなえているユダヤ教、キリスト教、イスラム教等においては、あるべき姿(義・罪など)が明示的に示されており、各人がそれらの基準に従っているところの社会である。

(9)『新約聖書』「ヨハネによる福音書」第一章、「はじめに言があった。言は神とともにあった。言は神であった」"In the begining was the Word, and the Word was with God, and the Word was God".「Word」はギリシ語では「logos」であり、ラテン語の聖書(原典)においてはlogosが用いられている。ここからロゴス・ことば=神の意志=絶対的な真理・絶対的な善・絶対的な知と真実(神そのもの)=理性(最高の位)となった。

(10) H.Leibenstein, "Allocative Efficiency vs. X-Efficiency", American Economic Review, 1966.

(11)『新釈漢文大系』第I巻、明治書院、一九六〇年、二六五頁。

(12)『福沢諭吉全集』第七巻、岩波書店、一九五九年。

(13)三島由紀夫『若きサムライのために』日本教文社、一九八〇年、三五頁。

二、経営にみる文化

1、日韓の企業経営にみる同質性

(1) 社会原理の同質性と企業文化

日本と韓国とは経済政策、工業化政策のいずれをとっても、そして又企業形態、管理方法等においても大きな類似性を持っている。これらは日本に見習った部分が多いとはいえ、これを可能にしたものは両国の文化および「人間」の類似性であったといえよう。ここではそれらを大きく規定したものを「父性原理」[1]と「母性原理」[2]の融合としてみていきたい。

父性原理社会とは父性（男性）原理の属性とされるものが優位に働いている社会のことで、それは父権的宗教よりもたらされてくるものとされている。そこでは理性、意思、論理、分析力、分離、差異、個別化などを備えた社会となっている。それは父性的宗教は社会に規律を与え、秩序を維持することに重点がおかれているために、父性（男性）原理とは「切断する」機能にその特性がある。それはすべてのものを切断し、分割をすることによって主体と客体、善と悪、上と下などに分類するものである。父性が子供を能力や個性に応じて分類しようとするものと同じとされる。

これに対して母性はすべての子供を平等に扱おうとし、「わが子はすべてよい子」として、すべてを包み込もうとするものであるが、父性は「よい子だけがわが子」として、子供を鍛えようとする。それはモーゼが十戒において示した神の態度でもあった。神はイスラエルが神の意思に従って（よい子）でいるかぎり、全面的にイスラエルを救おうとしたのであったが、背いた場合には厳しい裁きが待っていた。

母性原理とはユングの、人類に共通する普遍的無意識の元型とされる太母（グレートマザー）より導かれるものであるが、それは子供の成長に大きな影響を与える母性の象徴的なイメージであり、豊穣と寛容を象徴したものであった。多産豊穣を祈願する古代社会の宗教祭祀の源泉になったものでもあるが、それは大地のように食物を再生産して生命を養い育てる「大いなる力」であった。

こうした包み込むような慈悲深い母親像からは、感覚、優しさ、共感性、寛容性、受容性、妥協性などの属性が出てくる。その反面、子供の自立性を剥奪するものともなった。アジアの宗教は、基本的にはこのような性質をもったものであるが、ここに父性（男性）的要素をもたらしたのが儒学であった。母性的宗教には一般的に禁欲的な道徳規範が少ないとされている。しかしアジアの中でも儒学を導入した東アジア諸国においては利己的欲求の罪悪視とか、禁欲的な道徳が強力に国民のエートスを形作っていった。

M・ウェーバーが『一般社会経済史要論』(3)においてアジア的として批判的に述べた利己主義、諦観、目先の利益等を母性原理社会の特質とするならば、理性、合理性、効率性、合法則性、契約による責任と、個人主義とを追求し、近代文明をリードしてきた西欧は父性原理社会とみることができる。しかし日韓両国の最も大きな特徴は、儒学をとおしてこの両者がまざり合った重層社会をつくりあげているところにあり、それがアジア的とも、又西欧的とも異なる社会原理をつくり上げるとともに、両国における企業経営の同質性と経済成長とに役立ってきた。

人間個人が十全なるものとして発展し、自己実現していくためには、これら両者が共に必要であるのと同様に、人間の文化、社会、経済が十全なるものとして発展していくためには、両原理のバランスが必要なものとなってくる。父性原理の強い社会は唯一絶対の信念と合法則性との下に、理性、合理性、効率性のみを追求したハードな社会になりすぎるため、人間の面、感性的、非合理的な面を捨象し、論理的な正しさへの過信から、状況を正しく認識する力をなくしてしまう。一方、母性原理が強すぎる社会においては普遍的な価値観を持たず、たえず二つのものの「関係」の中にリアリティーを求めようとする文化的相対主義に傾いているため、「個」の自覚が乏しく、行為規範も相対的、状況的なものとなってくる。そのため規範の規制力が弱く、情緒的、寛容的で融通性と柔軟性とに富んだ社会とはなるが、社会の仕組みに硬さをとり入れ、これを合理的に組織化することができない。そのため相互扶助原理や共同体の中に安住した、ソフトで甘えやルーズさを持った社会になりやすく、発展の軌道にのせにくい。

母性原理の強いアジア社会に父性原理を導入したのが儒学である。儒学のもつ意思的、道徳主義的な父性原理が東アジア諸国を母性原理とともに父性原理の入り込んだ社会とし、日韓両国の社会組織を、組織が能率をあげ得る第一の基本であるところの「秩序」を保つのに寄与すると同時に、両国の企業経営の能率を大いにあげたのであった。経済または企業が伸びていくためには、確立した目的と合理性・理性及び決断力等が必要であると同時に、人間的な情緒および感性、状況に合わせた柔軟な対処等を共に持ち合せていなければならない。両国の企業はこれらの二つの原理が導入されているところに、同質性と共にダイナミズムが生じてきたといえるのである。

(2) 経営組織における効率性と人間中心主義

日韓両国における両原理の融合は、人間関係や情緒などとともに、社会秩序や意思的道徳的な規律を持ったところの、非合理性とともに合理性をも持った社会をつくりあげ、それらは企業組織においても「秩序」による効率性とともに、柔軟性にとんだ組織編成と、非合理ともいえる要素をもとり入れた心情の共感をつくり上げることによって生産性を上げてきた。人間の全人格的な存在が理性と感性との二つを所有し、そのどちらも欠けることなく、双方が一体となったところにあるように、企業においても「経済性」や「効率性」のみを追求したところの硬構造社会では、多くの問題と生産性の低下に悩まされることになった。

欧米企業における対人関係は合理性と効率性とを追求した理性的な契約関係によって成り立ってきた。しかし日韓のそれはここに情緒的な関係をとり入れ、規則によるよりも人間関係によって強く結ばれ、互いの空間の中に深く入り込んで連続的にとけ合うことによって信頼をつくり出し、それが大きなエネルギーとなってきた。

こうした日韓の人間中心的かつ全人的な参加が、欧米の契約的、機能的な参加と大きく異なるところであるが、このような母性原理的な面を多分に持ちつつも、それらを常に合理的に転化させるとともに、秩序と勤勉さ、向上心(4)と競争、選別と切断等の効率性をも導入させたものが儒学のもつ父性原理であった。

(3) 年功序列とダイナミズム

母性原理に基づく強い平等意識を持つ日韓両国における儒学の「長幼の序」の受容は、序列という絶対的な価値観を導入することによって、深層心理的には他者との同一性、平等性を強く求めていた両国に、選別、切断、分離等をともなう父性原理を導入させることとなった。そしてそれが社会の基本的な秩序原理になるにつれ、平等なヨコ社会に垂直的なタテ社会の原理が入りこみ、融合していったのである。これが両国にアンビバレンツな二元性をつくりだすとともに、社会のダイナミズムになっていった。

それは集団内においてヨコの意識が出てくる場合には非常に連帯意識を強くすると同時に、タテの意識下にあるときには非常に競争的にするのであった。特に戦後の身分制を伴わない序列意識は激しい社会的上昇志向をつくりだしていった。両国とも個人のステータスは個人的な要因によるよりも、そこでの職位と結びついていることから、即ち企業等の内での職位が全人格を表わすものとして社会的地位と結びついているため、企業等の内での地位志向をますます強めさせていくことになった。さらに相手の側に基準点をおいて自らの「格」を決定しようとする両国に特有な状況的、相対主義的な価値判断傾向が加わることによって、内部に激しい昇進競争をもたらしてきた。

状況主義的で「個」の意識が未熟な、相手との同一性を求めようとする母性原理社会の中に、序列という父性原理的な「切断」と絶対的な価値観とが導入された結果、相手より劣りたくないという意識から、たえず相手との優劣関係を求めるところの、終りのない競争へと向かっていくこととなった。こうした上昇志向的な競争社会に、学歴、能力による上昇、および社会的な流動性が可能になるところの崇文思想が加わることによって、両国は大きな社会的エネルギーを生み出し、それが優秀で勤勉な人的資源の供給源となっていった。

こうした儒学の序列意識と崇文思想とは、両国の企業における昇給・昇進制度を勤続年数、年功を基本とした上での学歴、能力主義の導入という、序列と能力主義の融合型をとらせるようになり、ここにも父性原理的な合理性が強くはたらいていた。

このように二つの原理の融合は、企業経営の中にも感性的、情緒的なものとともに合理的、効率的なものをもたらし、経営理念においても家族主義とともに合理主義を、共同体的であるとともに機能集団的、平等主義をもちつつも競争主義が入りこんだところの経営形態および管理方法をとらせることになり、両国の企業経営に大きなダイナミズムを与えてきた。

2、日韓企業経営の異質性としての「儒学」の受容の仕方の相違

(1) 「親族の原理」と「縁約の原理」

儒学の第一義的な目的である「秩序」の受容が、日韓両国に共通の文化をもたらしてきたことはすでにみてきたが、それを遂行する過程において日本では「忠」を、朝鮮では「孝」[5]を中心に受容し、その後の朱子学においても日本は目的合理主義的[6]に、朝鮮では価値合理主義的[7]に受容してきたところに、両国の文化、社会構造上の異質性を求めることができる。それに加えて、朝鮮においては李朝五〇〇年の間に儒学以外のものは認めなかったところに、受容の程度においても両国に大きな差をもたらしたものがあった。「孝」という家族間における人間関係の秩序と「長幼の序」とは、家族内での関係を維持することに大きく貢献するとともに、血縁を中心とした家族間の「私」的な儀礼の発展と、血縁を中心とした同族同士、および家族を中心とする集団に帰属意識を持た

せることになった。

これに対して日本の「忠」は、君に従い、社会との「和」と「バランス」を保っていくことを最大の価値観としているため、自らの上の者に忠節をつくすことによって秩序を保ち、自分の属するものに対する帰属意識と集団意識をもたせることによって、社会全体に対する集団の論理をつくり上げてきた。これは社会秩序の保持に大きく役立つと同時に、社会全体の倫理規範としての「公」の道徳、倫理としても発展し、朝鮮における「孝」よりも血縁集団の範囲を狭め、集団における共同体意識の方を強めていったのである。

さらに、朱子学における朝鮮の価値合理主義的な受容はその後、道義（道徳）の学として強調されるようになり、日本における目的（経験）合理主義的な受容とは大きな相違を生み出していった。日本のこのような父性原理的（合理的、目的的）な受容の仕方が日韓の社会構成原理に大きな相違を与えることとなった。F・L・K・シューの理論[8]をもとにその相違をとらえると、西欧の「契約の原理」に対して韓国の社会原理は「親族の原理」、日本のそれはこれら両者を融合させたところの「縁約の原理」ととらえることができる。そして父性原理をより多く入れた日本の社会原理と、母性原理的な面をより多く持っている韓国のそれとの相違が日韓の企業経営、企業組織等における異質性を生じさせているといえる。

韓国における親族の原理の下ではすべて血縁のみによって集団がつくられ、その中で身分の恒久的な保証を自動的に行なうという、母性原理的な集団となっているのに対して、日本の「縁約の原理」はある目的のために選択をとおして結ばれるという父性原理的な契約の原理を導入している。したがって韓国では父子血統直系で家系が継承され、嫡長男優待男子均分相続制がとられ、分家は男子が同格に分裂して本家に従属している。これは韓国民法における生物的血統の非常な重要視にもつながっているものでもあり、韓国においては婿養子又は非血縁養子が家系をつぐことはあり得なかった。

これに対して日本では「縁約の原理」にみられるように、血縁よりも家の系譜を優先するという、ある種の団体的性格が付け加えられるようになったため、非血縁をも含んだ「同族」へと発展し、親族的な互助的要素とともにヒエラルキーをも含んだものとして存在するようになっていった。こうした同族組織の構成は家族的結合というより、家的結合となり、家を通して各々が互いに同族者として関係を保つようになるにしたがい、生活を共にするところの経営的団体のようなものになっていった。こうした「家」ではない「イエ」は、超血縁的で系譜性を持ち、機能的階統性と自由性とをそなえたものであった。このように日本では共同体としての「イエ」における家長の地位の継続を優先させるとともに、血縁よりも重要な根拠のためには全くの血縁外でも養子に迎えるところの養子制度を発展させていったのである。

日本の「縁約の原理」は加入に際しては男性原理的な選択の意思を働かせるのであるが、一旦加入した成員は全く差別されることなく、何らの限定もなく無期限で集団に帰属できるという母性原理的な側面ももっていた。こうした血縁の原理からの脱却が、新規加入に対する疑似的な親子関係への編入と、親族的秩序の観念的維持をつくり出し、組織への成員の厚い忠誠心の形成を可能にしたのであった。そして又、日本の経営組織の特徴もこのような父性原理と母性原理をあわせ持つ、二元的ともいえる柔軟性にとんだ組織編成を、あらゆる組織体に適合させていくことによって、経済合理性をふまえた上での疑似的家族集団の形成があったというところに求めることができるのである。

したがって「縁約の原理」の下では「みうち」とともに「なじみ」にその中心がおかれ、そこまでは共同体意識を持つのであるが、「よそ者」との間にはきびしい壁をつくりだしており、この「なじみ」の社会が疑似「イエ」ともいえる組織なのである。このような「なじみ」の世界は、そこにおける成員に帰属意識を持たせるとともに、経営者側もそこへの加入者に対しては全人格的な存在としてとらえることとなり、双方の厚い信頼と忠誠心によって雇用関係が結ばれることになる。

日本の「縁約の原理」という二つの原理の均衡は、家族主義とともに合理主義、共同体的と同時に機能集団的、平等主義的なものと競争原理とが入りまじったところの重層構造をつくりあげていった。そしてここから生じてきた経済的合理性と共同体的志向とは新卒採用、企業内教育訓練、終身雇用制などを前提とする内部労働市場をつくりあげ、それによって幅広い内部移動や内部昇進、年功制、さらには情報の共有や経営参加、稟議制などの導入を可能にすると同時に、企業内組合、企業内福利等も達成させていった。そしてこれらの下に技術や労働意欲を向上させ、組織への一体感をつくりだし、協調的な労使関係や弾力的な職務行動を可能にさせていったのである。

(2) 企業における所有形態の相違

韓国における最も大きな特徴は血縁を中心とした「みうち」のみによる家族集団主義と、儒学の「孝」に中心をおいたところの「私」の優先だとしてきた。日本が「忠」を「孝」の上においた「公」の価値観を優先させたのに対して、韓国では「孝」を「忠」の上においたところの「私」の道徳を優先させてきたのである。「孝」あってはじめて「忠」という価値観から、韓国の社会原理は公的なものより私的な価値が優先するところの、きわめて範囲の広い「血族」の結合と繁栄、そこへの帰属と依存とによって成り立っており、そこでの最大の価値観は「身内の利益」であった。これは自己本位の行動原理となるものでもあるが、これに家族（身内）だけの集団主義が混合しているため、「私＝自己主義」を内包したところの集団主義をかたちづくっているのである。

「みうち」と「よそ者」との区別が大きく、「内」と「外」との二重構造意識をかたちづくっている韓国では、身内の中に完全に帰属意識を持ち、依存と生存が保障されているため、その集団内においては没我的になるとともに、「外」に対しては排他的な意識を強くさせ、利己的となりやすい。又、血族集団の成員としては集団主義的に行動するが、外の世界（よそ者）に対しては個人主義的に行動させることともなる。血族集団（みうち）を出れば全くのよそ者の社会になってしまう韓国においては、それとの競合意識も強く、対立的、閉鎖的にとらえられてきたのである。

一方、日本では「なじみ」までも疑似的な親子関係の中に編入することによって親族秩序を観念的に維持してきたため、ここの間でも「和」とか有機的な関係を保とうとする意識が強く、組織とその成員は共利共生を求めようとする。したがって日本では企業という「なじみ」の社会に対しても身内と同じ共同体意識をもって迎えるため、企業との一体結合も可能となってくる。これが、企業がそこにおける成員との長期で幅の広い結び付きであるところの終身雇用制を成立させた基盤でもあり、企業にとっての合理性でもあった。これによって企業は成員に企業への一体感、忠誠心を持たせ、企業の発展に貢献させるとともに、安心した教育訓練投資、合理化と新技術の導入、協力ある賃金交渉等に臨むことができたのである。

しかし韓国においては「親族の原理」の帰結として、各成員が協力し合うことによって組織目標を達成していこうとする意識があまりみられず、個人目標の達成への欲求の方が強くなってくるため、経営者と従業員との関係も日本とは大きく違っている。企業経営においてもオーナーが大量の株式を所有し、唯一の決裁者となるとともに、「みうち」であるところの兄弟、息子、女婿等が役員の多くを占め、株式の名義人ともなっており、その他の主要ポストもほとんどが身内に連なる人々によって占められている。こうした血縁的な「みうち」意識の強さは韓国における財閥の存在とその在り方にも大きな特徴を与え、ここでもほとんどが血縁的な「みうち」組織になっており、株式の所有も複雑になってはいるが元をたどれば創業者一族に行きつくのであった。

(3) オーナーシップとジョブ・ホッピング

韓国においては父親の「血」を受け継ぐ嫡男子は基本的には同格であるという母性原理の強さから、男子均分相続がとられているが、日本においては父性原理が強く入り込んだ疑似親族型形態をとっているため、「一家」の発展と家産を増やすために単独相続がとられ、家業の発展のためにはその経営を血族以外の専門家に任せることが行なわれてきた。

こうした合理性の導入が日本においては所有と経営の分離を容易にすると同時に、継承時における財産の分割を阻ませることにもなった。これは長い間努力しさえすれば非血縁者でも、とりたててもらえる機会があることを示すものであり、その努力と能力とが認められ、その力が「イエ」の発展にとって必要であれば、娘婿として家業をつがせたり、「のれん分け」したこととも通じている。これはこれまでの企業においても長い時間とたゆまぬ努力とによれば、中枢へ入る機会が充分与えられるということにも通じるものであった。

しかし韓国における「血縁の原理」の強さは、血縁に全く関係のないものはこの中へ入ることはできず、あるていどの地位の上昇は可能であったとしても、中枢の要員になることはむずかしいということとも通じている。韓国においてはこのような構造の上に、序列意識と「私」の優先意識とが加わるため、より高い地位と賃金を求めてのジョブ・ホッピングが生じやすく、それが韓国における終身雇用を難しくしている原因ともなっている。これらのことより生ずる、飛躍の機会を「縁」に求めての移動は、採用においても特別採用又は不定期採用を広く行なわせることとなり、トップマネジメントにも「縁故」による採用に向かわせる傾向を持つが、これらは社会的な容認ともなっている。

韓国においては企業はオーナー一族のものであると同時にその身内の、ひいては「縁」をたよってきた者全体に対して責任を果たさなければならないものなのであり、それが成功した者が血縁者一同に対して行なわなければならない当然の社会的責任なのである。それだけに出世した者に対しては社会的ステータスとリーダーシップとを与えるものともなっているのである。

これに対して父性原理的な面をより強く導入し、目的合理性をもった日本社会においては、「縁約の原理」にもみられるように、合理的、効率的な面がより多く含まれているため、血縁の論理からくる採用方法には拒絶反応を示すとともに、それが国民的合意ともなっている。

(4) トップダウン方式と労使関係

韓国における所有者的経営はトップマネジメントとともに意思決定においてもトップダウン方式をとってきた。これは日本における意思決定方式（コンセンサス方式又は稟議制など）とは大きく異なるものである。日本におけるそれは第一線で働いている者の持つ情報とか智恵をもとに、そこに加入している成員全体（関係者全員）の「和」（全会一致）と納得とによって合意させ、実施段階における抵抗をなくそうとするものである。又、責任が特定の部署に傾くことを排することにより、組織全体の効率性と安定性とを得ようとするものでもある。

これは「関係」者に対してあらかじめ意見を聞き、意思を伝えておくところの「根回し」にも通じるものである。これらは一見非能率的に見えるにもかかわらず、「関係」という日韓両国が最も重視し、かつ社会構造の基本ともなっているものを合理性、効率性を導入することによって理性的に処理しようとした、きわめて日本的な調整方法だといえる。この企業経営における経済合理性（父性原理）と人間中心主義（母性原理）との均衡が日本的経営の特徴をつくりあげている。

韓国においては両原理が融合しているとはいえ、母性原理の方が優位に立っているため、「縁」又は「関係」によって動いていく傾向が強く、「共同体」（共受するという）意識が育ちにくいため、労使関係も対立的なものとなりやすい。トップ層と関係を持たず、特別の能力も持たない労働者にとっては、昇進、昇給の機会も少なく、労使の信頼関係もうすくなる。又、ホワイトカラーとブルーカラーの格差も大きいため、現場主義も育ちにくい傾向にある。

韓国の儒学は価値合理性に傾いており、崇文思想も日本より強いために生じている結果ともいえる。日本では儒学のみによるものではなく、仏教、神道等も多分に入りこんだ価値観を持っているため、鈴木正三や石門心学が求めたところの、「勤労による自己の充足感の実現」は現代にまで通じており、利益の追求は一義的な目的ではなく労働の結果であるという思想とか、勤労に貴賤の差をつけない価値観等が生まれてきた。[9] これらが額に汗して働くことを尊ぶ風潮をつくるとともに現場主義を育て、エリートも現場に入れることで現場との協調をつくり上げ、そこでの意見の吸収やQCサークルなどを活発化させていった。

日韓両国は父性原理の強い欧米と比べ、母性原理がその基本であるが、そこに父性原理を導入しているところに他の母性原理社会との違いをもたらしてきた。しかしその融合の程度と質（忠と孝・目的合理性と価値合意性等）の違いによって両国に異質性ももたらしてきた。

註

（1）近代文明はロゴス（理性）中心的な哲学により合理性、効率性を優先させてきたが、この背景にある概念のことをいう。男性の方が切断し分離していこうとする力がより強いため、事物を個別化し客観的に分析する知へと向かうもので、男性をさしているものでも制度としてのものでもない。

（2）すべてのものへの平等な「包含」に対する概念。

（3）黒山巌他訳『一般社会経済史要論』下巻、岩波書店、一九五五年、二三七頁。

（4）『孝経』では孝の最終的なものを立身出世とし「立身行道、揚名後世、以顕父母、孝之終也」と述べている。

（5）「唯孝為、百行之源」童蒙先習、にあるように「孝」は最も基本となる人間関係であり、他のいかなる関係より優位に立つことは家庭教育でも強く教えられた。

（6）朱子学における「理」は形而上的性格も形而下的、人倫的性格も経験的性格もあわせもっていたのであるが、日本ではここにおける経験的な「理」の側面を強化した（阿部吉雄『日本朱子学と朝鮮』）。

（7）朱子学の形而上的理体としての超越的な性格の「理」の側面を強化した（阿部吉雄『日本朱子学と朝鮮』）。

（8）Francis L.K.Hsu, "CLAN, CASTE, AND CLUB", D.Van Nostrand Co. Inc., 1963 作田啓一他訳『比較文明社会論』培風館、一九七〇年。

（9）教育の原点とされた二宮尊徳（金次郎）像は薪を背負いながら本を読んでいる姿から理想と現実、学問と労働という二つの原理の均衡と調和を説いている。

三、経営における日本的フレキシビリティーとX効果

1、日本の社会経済システムと日本的雇用慣行の成立

(1) 日本の社会原理と経営システム

これまで日本は他に比べるものがないほどのダイナミックな高度成長をとげるとともに、その後の石油危機もうまく乗り切り、さらにその後の円高にも柔軟に対応しつづけてきた。その基盤には日本的な社会経済システムが横たわっており、さらにその深層を求めていくならば、そこには日本的な柔構造社会（日本的フレキシビリティー）の存在を知ることができる。それがこれらの「陽」の部分に大きく働いたとみられるのであるが、そうした日本的社会経済システムがうまく働かなくなったところに現在日本の抱えている問題があるといえる。それがこれら日本のフレキシビリティーの持つ弱点だともいえる。そしてそうした日本のフレキシビリティーの下、その成長を支えてきたもののなかで重要な部分をしめてきたものが日本的雇用慣行であった。

日本的社会経済システムの本質は日本的フレキシビリティーに求めることができるが、そのフレキシビリティーとは個の確立をはたした西欧とも、親族（血縁）関係を重視した他の東洋諸国とも異なった、日本的な文化・社会に根ざすものである。それは西欧の社会原理を「契約の原理」、東洋のそれを「親族の原理」とした場合、「縁約の原理」(1)により生じ得る特性であるといえる。西欧における個の倫理においては個人の役割、資格に基づいた権限と責任とが明確にされ、それが個人の判断の基準となっているために、社会的人間関係は相互の自己主

張と契約とに基づいて動く部分が多く、言語を介して論理的になされることとなる。

これに対して「内」なる基準を持たない[2]日本においては個および自我の確立の不徹底により、自己主張の弱さを生み、曖昧性、多義性、両極性等の属性を生んできた。こうした「an individual」ではない、「the individual」の社会においては共通の集団に属するか否かが人の判断の最も重要な基準となっており、その内にいるものは身内であり、身内の中では和を保つと同時に、その内にいる限りは依存及び生存が保障されるというものであった。又言語的、論理的なものよりも、非言語的、情緒的なものが強く、内部における役割、権限は明確ではなく、平等が基本となっている。全員がたてまえとしては絶対的に平等とされているために、個々の人の能力差は前面に出てくることはなく、集団での責任はあったとしても、具体的な責任の所在は求めようとはしない。

こうした個人の自主的な集団へのコミット、他の成員との協調や自発的な係わりは、それをとおしての自律性の表出ともいえ、組織への全面的な帰服ではなく、自ら「集団」との一体化をはかろうとするものであった。したがってここでは各成員は互いに協力し合うことによって組織目標の達成をはかり、集団内での有用な成員となろうとした。そして良き「組織人」になろうとし、職場においては割り当てられた職務「職分」に対する自覚を持ち、業務全般に気をつかい、同僚、関係者との調整をとおして協同の実をあげようとするのであった。

これに対して西欧のそれは契約と合理性と効率性とを追求した組織であるために、資本家（使用者側）と労働者とは契約によって結ばれており、契約上の仕事、与えられた仕事だけを一人でこなしていけばよい。それは欧米においてはその契約にもとづき、個人の分担領域を明確にしているために、その職務にうたわれていないことは行われることはなく、契約上の職務に対してのみ責任を負っているのであった。したがってここではあくまでも個人職務が積み重ねられたにすぎない組織になっており、階層間の権限もはっきりしているために、他の階層、部署には一切関係がないという態度ともなっていく。又、労働意欲及び組織への一体感が低くなるために、企業の業績にも関心を持たなくなっていく。企業の業績の上昇も労働者には契約賃金以上の反映はなく、上層の者以外はほとんど情報を与えられることがない。こうした、すべてが専門化された機能的参加のみの状態の下においては生産性の上昇への努力も乏しくなっていく。

このように、日本と欧米とを比べてみた場合、共同生活体の構成員が自主的に、しかも考えつつ、責任をもって仕事集団をつくっているかどうか、そして又そうなるように組織化されているかどうかが大きな問題となってくる。そしてさらにそれらの仕事集団を全体としての目的を達成するよう、相互に調整、合議していけるような制度をとっているかどうかにある。日本の場合、各人の仕事は集団を単位とするものであると同時に、それらの集団はそれぞれ経営体にとっての共同価値を遂行するという目標をもっているところに大きな特徴がある。日本においては労使双方ともが経営上の共同価値を認めているところに生産性の上昇と高品質という国際競争力の強化と、その基礎ともなっているQCサークル運動があったといえる。そしてその根底には日本的雇用慣行の中心ともいえる終身雇用制がよこたわっており、さらにそのもとには、日本文化の原型ともいえるものが存在していたといえる。

「日本的」フレキシビリティの大きな特徴はそのインフォーマル性にある。そしてそれがマイナスの側面にもプラスの側面にも、即ち「前近代的」とも「先進的」ともいえるものとなってくる。日本の社会原理は柔軟性に富んだ構造をあらゆる組織体に適応させるとともに、労働生産性上昇の条件となった日本的労使関係の形成に大きく寄与してきたといわれる。そこには経済合理性をふまえた上での擬似家族集団があり、日本的経営といわれるところの「終身雇用」、「年功序列」、「企業別組合」などがある。これらが制度的に採用されるに至った根底には、これまで日本がおかれていたところの経済的合理性が十分働いていた。それは欧米における労働力を商品として売買するところの労働力商品説にもとづく雇用の市場原理とは著しく異なる概念ではあるが、当時おかれていた状況下においては最も「合理的」な判断であったといえる。

企業はこれらの存在によって安心して教育訓練投資を行い、合理化と新技術の導入をはかり、協力ある賃金交渉に臨むことができた。又、労働者側にとってもこのような内部労働市場の形成は熟練労働力の供給を制限し、年功賃金は旧来の技能が有効でなくなった場合の補償の役割を果たさせるものであった。日本的雇用慣行はこのようにして高いテンポの技術革新を可能とし、企業の発展が直接に組合員の利益に結びつくことを知った労働者に争議行為のコストを最小限にする努力を払わせる結果となった。これらによって、合理化による生産性の向上へ労使ともに向かわせるとともに、実際にそれを可能としていった。日本的雇用慣行は以上のような合理性を持つとともに、個の概念と内なる基準とを持たない日本人にとっても、組織体の内部に連帯感や安心感を持ち、各成員が協力しあうことによって組織目標を達成し、それによって自己の欲求も満たされるという「日本的」集団主義とも合致するものであった。

あらゆる制度やシステムはプラスとマイナスの面を持っていると同時に、プラスの側面も状況の変化によってはマイナスとなり、又その逆の現象にもなるというように、それらはそれぞれの時代における状況と密接な関係がある。しかし、又その一方で制度やシステムはその国固有の文化とも大きく関係を持っており、固有の文化と状況とが合った時、大きな力を発揮するものだともいえる。その意味において日本の雇用慣行は日本の伝統的な経済文化と当時の状況とがつくり上げたものだといえる。

(2) 日本の組織の経済文化からみた経済的合理性

日本の組織はインフォーマルな組織だといわれるが、そこに「日本的」といえる部分が生じてくることとなる。日本における経済文化はすでに江戸時代には確立されていたといえるが、その根底には法治主義よりも徳治主義を理想としたところの、内心の道徳律を確立させることによって秩序を形成[3]することを中心においた文化があった。そしてそれには「教える」[4]ということが最も重要なことであった。それゆえそうした社会における組織の確立のためには構成員の内心の秩序を外的な秩序と一体化させることが重要であり、それには長い間の教育期間を必要とすることになる。そうした経済文化の伝統は日本的雇用慣行においても教育効果が充分に期待できるところの、若くて、やわらかな人材が必要となってくるとともに、その人材が停年までその組織内にいることが重要なこととなってくる。ここに終身雇用制を前提とした新卒採用、教育という方法がとられることになり、それによって内的秩序との一体化がはかられ、特別な法的規制やフォーマルなルールがなくても組織が円滑に、且つ能率的に運営されることになる。

これらをもとに日本的合理主義を進めていくならば、その採用は（特に大卒事務系においては）、高い専門性よりも、将来発揮されるであろう能力の可能性、人格や仕事への誠実さなどが中心となってくる。遂行すべき仕事の内容が明確に規定されておらず、作業単位レベルでフレキシブルに仕事が配分され、行われる日本の企業（責任と義務の非限定性）の下ではこの採用方法は合理的なものとなる。定期一括採用後の教育（新入社員教育）を経るまでは、どの作業単位の仕事に就くかはわからない。その後ＯＪＴを受けつつ仕事を学習し、その後は異種部門の作業単位への異動を経ながら種々の仕事を経験し、ゼネラリストとしての能力を開発していくこととなる。こうしたフレキシブルな移動をとおして昇進[5]していくのであった。

こうした日本的な経済文化にもとづく採用方法は日本的な合理性とも合致したものだといえる。激しく変動する市況の下で、安定雇用を維持するためには市況の状態変化、繁閑等にあわせ、職務変更に柔軟に適応する能力の有無が重視されるようになる。将来を見通し、長期的な観点から、変動し続けるであろう職務にも対応できることを前提とした採用でなければならず、そのためには特定の職務遂行のために必要な能力の保持者を採用するという方式は不適当なものとなってくる。

「日本的」といわれる経営の基は、その基本となったところの終身雇用制と、そのための新卒採用とが定着したものであるが、そこには経済的合理性も働いていた。これらは高度成長時に定着し[6]、その後の石油ショック時、大きな力を発揮することになるのであるが、その後の日本経済の成長と貿易黒字の累積は貿易摩擦を生み、激しい円高へと導いていくこととなった。又、さらなる円高は日本経済及びこれらのシステムにも大きな変革をせまるようになっていった。

(3)　社会原理からみた日本的慣行

日本社会の持つ「重層構造」は「あいまい性」とともに二つの側面を同時に有するところの社会であるといえ、

それが日本的経営といわれるものの、共同体的であるとともに合理的であるゆえんでもあった。共同体的要素としては日本の企業においては日本の「イエ」同様、加入に際しては選択意思が働き、加入及び離脱は基本的には本人、個人の選択意思に基づいて行われるのであるが、血縁の有無にかかわらず、ここに加入を認められた成員は、集団に対して無限定的、自発的に忠誠を尽くすという性質をおびたものであった。こうした日本の「イエ」にみられるような、新規加入者に対しても擬似的な親子関係の中に編入し、親族的な秩序を観念的に維持しようとしたところに「日本的」といわれるものの出発点である新卒採用が存在するのであるが、そこには経済的合理性も加わっていたために、定着したものだといえる。

それは新卒者にだけ門戸が開かれ、その段階においては双方が自らの意思によって選択するという方法をとるのであるが、そこ（企業内）に一旦加入した成員は差別されることなく、無期限に（定年まで）その企業集団に帰属するというものであった。それゆえそこでは働く者を全人格的な存在としてとらえると同時に、階層性がなく、ほとんどが平等で、企業内のメンバーの質もほぼ同じであるために、採用に当たっては全人格的な者（ジェネラリスト）を求めることとなる。又、組織内における職務分担においても、日本の場合は個人の分担が明確になっているところが比較的に少ないために、互いに融通し合いながら、仲間意識を持ち、協力し、補完しつつ、全体としての目的を遂行することとなる。それは組織内において柔軟な職務分担をしているために相互依存と相互協力をしつつ、融通性をもたせ、状況に合わせた行動をとることを可能とし、配置転換、出向に際してもすぐに適応できる能力を有していた。それが石油危機の際に大きく効力を示した適応能力であった。単一の職務だけでない、複数の職務につける能力を養っていたことが短期的な景気変動により生ずるところの職務間の業務における繁閑に対応した労働力の配置を可能とし、長期的な産業構造や技術構造の変化においても対応し得る能力を持っていたといえる。

日本社会のもつ状況主義、機能主義、目的合理主義[7]等は石油危機時における労使共通の危機意識をつくり出すとともに、それへの対応の中心概念ともなった。さらに日本の社会原理であるところの日本的集団主義（「個」の概念と内なる基準を持たない日本人にとって）は、組織体の内部に連帯感や安心感を持ち、各成員が協力し合うことによって組織目標を達成しようとし、それによって自己の欲求もみたされるというところから生じてきたものであった。これらは日本社会のシステムを深層的な部分において支えているものであり、日本的フレキシビリティーを形成する基であるといえ、これらが石油危機の際にはプラスの要因として働いたのであった。しかしこうした日本的雇用慣行の裏付けとなった日本的フレキシビリティーもその後の円高を迎えるに至り、影の部分として現れてくるようになった。

マーシャル（A.Marshall）も『経済学原理』の一節において「労働者をよそのものより有能なものにしているものは……ある特定の職種に専門化してはいない一般的な機敏さと活力……一時に多くのことがらに気をくばり、必要な場合にはなにごとにも容易に移っていけ、何か錯誤があった際には機敏に処置し……仕事の細部の変化に対してはよく順応し、堅実で信頼に値し、……これらはすぐれた産業人を生み出すに必要な性能なのである」[8]と述べているように、産業人には全人格的なものを求めていた。そして今日でも日本の企業においての最大の価値観は「人格で仕事を」といわれるように、「人」に大きなウエートがおかれているのである。

日本的雇用慣行というのはビジネス界で激しく競争している企業が、与えられた状況・環境の下で、最も合理的な判断によってなされるという面と、そうした状況又は環境の下で、どのような方法をとるのが最も合理的か、に直面した場合にとられる合理性とを含んでなされてきたものであるが、後者におけるそれは、やはり「日本的」な社会、文化をふまえてのものであるといえる。戦後の激しい労使対立の下での合理性の追求も、労使ともにそのよりどころとしたものは日本の社会原理にもとづくものであり、その下での合理的判断であったといえる。

当然その環境が変われば、それに合わせて新たな合理性を求め、制度が変わるのは必然であるけれども、やはりそこにおいてとられる方法は、型こそ変われ、深層心理的には「日本的」な要素の入ったところのシステムになっていくであろう。日本的雇用慣行は決して「鉄の法則」などではないが、日本の社会原理に根ざしたところのフレキシビリティーは、やはり日本の企業経営の中から消え去ることはないであろう。そして又文化的伝統に根ざしたところの企業理念も基本的にはその根底に流れつづけていくだろう。

市場原理だけで考えるならば終身雇用制も年功賃金制も成り立たず、それらは市場の需給関係や企業の業績によって変動し、決定されるものである。しかし、日本でいう「合理的」というのは必ずしも市場原理をさすのではない。経営における人、金、物の要素においても、日本ではそれらは同列ではなく、人に重さがおかれており、人を中心としたあらゆるものとの「関係」の下に成り立っているといえる。この人間中心主義（「企業は人なり」）が終身雇用制の成立時の労使のやりとりの中心に存在していたといえるし、その下での両者の妥協であった。その後の石油危機における乗り切りも、そして円高局面での苦悩も、最終的にはそこにあるといえる。

最初におとづれる人の「選別」、そしてその後の「関係」をとおしての士気の高揚。しっかりとしたシステムを持たず、フレキシブルであるだけに、これらは企業にとって最大の関心であり、悩みであるといえる。それだけに実際には企業にとっても終身雇用制を崩すことはむずかしく、それらの前提を維持した上での改革に苦慮している状態であり、その最大の理由は「士気の低下」であった。それは働く側にとっても、終身雇用制がいかに働く上でのインセンティブになってきたかということであり、それらは伝統文化をふまえた上での「合理性」を持つとともに、共同体意識を満足させるものであった。

しかしその一方、日本社会のもつ不透明でインフォーマルな人脈による支配や、人間の専門能力や業績をはかる合理的なシステムの欠如などを含めた日本企業のフレキシビリティーは、企業内、企業間にとどまらず、政治・経済構造の全部をおおってさまざまな前近代的な問題をなげかけている。これらは特殊な社会的土壌と混ざり合っているだけに、簡単にその構造が変わるものではないだろう。しかし日本的「フレキシビリティー」のもつ普遍性を認識しつつも、それのもつ前近代的な部分を払拭し、もう一方の普遍的とされる価値観をとおして、近代的なるものの導入と、思いきった転換とを行っていかないかぎり、これまでの日本型フレキシビリティーはいままでプラスとされていたものを含め、マイナスの傾向をますます強めていくであろう。

2、「日本的経営」のもつ「X効果」とこれからの方向

(1) 終身雇用制とX効率性

日本経済はバブル崩壊後、低成長、労働力の過剰、円高による産業・雇用の空洞化等、経済環境は大きく変化

し、それとともに、これまで日本経済に寄与してきたといわれる日本的経営も、その根幹から問いなおされることとなった。その最も大きなものは終身雇用制への見直しであるが、日本の雇用慣行の見直しということは、とりもなおさず日本的経営の見直しということでもあった。そうした状況を踏まえ日経連では、今後の日本的経営はどうあるべきか、についての研究報告書[9]を発表した。

それは日本の経済環境の変化をふまえた経営環境の変化が、これまでの日本の経営の基本理念までも変え得るものであるのか、又、その必要性があるのか等を基に、これからの雇用、人事、賃金、組織、能力開発等を展望したものであった。そしてそこにおいては、日本的経営の基本理念であるところの「長期的視野に立った経営」及び「人間中心（尊重）の経営」に対しては普遍的な性格をもつものとして、今後ともその深化を図りつつ、堅持していく必要があるとしたのであった。

ライベンシュタイン（Leibenstein）[10]によると企業は所与の人的・物的資源のもとで可能な、最大の生産量よりも、低い水準で生産していることが多いのであるが、所与の条件を変えることがなくとも（即ち、人的・物的資源を増加させることがなくとも）生産量を増大させることができる。その場合はX効率が増加することによって、それは可能となる、というもので、X効率性の主要要素は「動機」である、ととらえている。

それではこうした「動機」は何によって生じ得るのかというと、それは決してこれまでの伝統的な経済理論によって与えられている条件だけではなく、非経済的要素、即ちこれまでは無視されてきたところの諸要因が、企業における構成員の動機を高め、同じ生産資源の下でも、その生産を増大させたり、低下させたりし得るのである、としている。そしてさらにライベンシュタインの研究によると、ほとんどの企業はその生産可能性はかなり低い部分に抑えられている、というものであった。

そしてそれは何によるかというと、動機ないし誘因の希薄さであり、それを与えられることによって、X効率性はぐっと上がっていくというものであった。日本の経営においてはこのX効率性の高さが、戦後の日本経済の成長をもたらしたといえるのであるが、それは、これまでの「日本的経営」の持つダイナミズムに通じるものでもあった。

報告書によるとこれからの雇用形態は、これまでの雇用慣行（終身雇用制）から、三つの型に分かれていくと予測されている。それらは長期蓄積能力活用型、高度専門能力活用型、雇用柔軟型とよばれるもので、従来の終身雇用にあたるものが長期蓄積能力活用型であって、他は必ずしも長期雇用を前提としない。働く意識が多様化している下での柔軟な雇用形態をとろうとするものであった。採用に関してもこれまでの新規学卒者採用という方法だけでなく、中途採用他、必要な時に必要な人材が確保できる方法も検討されてきた。

人事制度においては複線型人事制度の導入と専門職の育成及び活用が重視されており、全体的に能力・業績を重視する方向にある。それにより年功的定期昇給制度も見直されつつあり、職能・業績を重視した職能昇給を志向する方向が検討されている。したがってこれより、職能・業績をもとに職務内容や職務階層に応じた複線型の賃金管理の導入、一定資格以上は成果、業績により格差の広がるラッパ型の賃金管理を求めている。

賞与においても、より業績反映型にするとともに、退職金制度も貢献度反映型のものにしていくなど、日本的経営の特徴といわれてきたところの終身雇用制と年功序列型賃金とに大きな見直しを迫るものとなっている。もう一つの特徴であるところの企業別労使関係においては、労使協議制や企業間コミュニケーション諸施策を通じて経営、技術、雇用等の諸変化に柔軟に対応し、企業の発展、成長、安定に大きく寄与し得たとして、今後とも維持していくべきものだとしているのである。

これは、これまでの日本的な考え方や慣行の中でも普遍性のあるものは維持していくとともに、グローバル経済の下で、有効に機能しなくなったものは見直していくというものであり、その意図しているものは日本的雇用、処遇制度に欧米の合理性やマーケットメカニズムを導入、加味していこうとするものであった。欧米諸国においても日本的経営に対する象徴的な特徴を終身雇用慣行、年功賃金制度、企業別労働組合ととらえているが、その根本には「人間中心の経営」がおかれており、それはとりもなおさず人間関係を最重要視したものであった。それは雇用の維持を最大限努力していこうとするものであったため、安定的な労使関係をもたらしてきたといえるのである。

そしてさらにもう一つの柱「長期的視野に立った経営」によって、長期的視野から事業計画、設備投資、人材の育成等がなされたが、それらは長期継続雇用なくしては成り立たないものであると同時に、その維持を可能としてきたものであった。そこに雇用の安定、能力向上、チームワーク、内部昇進をもとにした良好な労使関係をもたらすとともに、日本企業の発展と競争力の源泉があったとみることができる。これに対して欧米の企業はまず機能組織があり、その上で人間を組織及びポストに当てはめていくというものである。

(2) 日本と欧米諸国の経営システムの相違

日本の経営システムの特徴は、日本的経営の三つの特徴と共に、新卒の採用、全従業員の底辺からのスタート、企業内における職場訓練、職務の移動と職務の境界の伸縮性、権限及び責任が拡散的、経営者と労働者の間の明確な区別がない、ボーナス制度の存在などである。これに対して欧米のシステムにおいては、採用においては特定の職務を果たすべく特定の技能・経験を有する者の採用となり、特定の職務に対してのみ企業内での職場訓練が行われ、職務においても特定の境界のある職務が中心となる。従って権限と責任が明確に示され、特定化されている。そして経営者と労働者ははっきり区別されているのである。これらは当然、終身雇用を前提としておらず、年齢や勤続年数も昇進と直接関係をもっていず、組合も職業別となっている。

これらの相違は基本的には終身雇用制の有無及びそれから生じるところの労働市場の型の違いによって出てくるところの属性であるとも言え、日本の終身雇用制の存在が日本特有の内部労働市場と、これらの属性をつくり出してきたといえる。日本においては内部労働市場が人材調達の中心にあり、ジェネラリストを求めると共に企業に特有な人的資本形成を行っている。それらの者が企業の中枢に存在することにより、それが取引コストの引き下げになっている。

又、年功賃金と年功昇進システムは労働インセンティブを強めており、企業別組合は労使間の情報の共有や、目的の一致、労働者の経営政策への関心や労使の意志の疎通を通し、労働者と経営者との利害調整をスムーズに行わせることとなるのであった。さらに、年功賃金と年功昇進システムとは労働者に労働インセンティブを高めさせることとなり、非常に効率性を高めることになる。これに対して欧米の場合においては自らの職分以外に関心を示さず、職業別組合の下、労使間の利害対立という非効率を生みだしているため、労働インセンティブも低いものとなっていく。

終身雇用制を基にして出来上がっている雇用慣行の下では（それは契約によってなされているわけではないが）、業績が悪化した場合においても日本と欧米とではその対応の仕方に大きな違いが生ずることとなる。日本においてはコスト圧縮（人件費以外の）を考えるにあたり、まず役員の報酬カットとか生産設備投資の圧縮、内製化の推進などを行うのに対して、欧米においては不採算部門の切り捨てという方法がとられる場合が多く、人件費の圧縮の対策においては従業員減、ポストの削減につながりやすい。これに対して日本では雇用調整に直面した場合、まず残業規制や休日増加などの措置がとられるとともに、新卒採用の停止がなされ、次に配置転換又は出向などが行われ、最後に一時帰休あるいは希望退職、勧奨退職などが募られることになる。

これは先にみてきた人間中心の企業理念より生ずるものであるといえ、これまで日本企業が最も重視し、日本的経営の中心理念でもあったものである。そこに企業と人間（従業員）との深い信頼と結び付きが生じ、欧米諸国にはないX効果を生む素があったといえるのである。そうした特徴は「日本的」であるが故に、日本あるいは日本の経済社会の特徴を浮きぼりにしたシステムであるともいえ、システムと文化との不可分性を示したものだともいえる。それだけに、これまでの経済が安定的に成長してきた時代においては最も有効にはたらいてきたこのシステムも、長引く不況下では修正せざるを得ないことが日経連の報告書に読みとれるのである。

日本的経営におけるX効率性の発生は基本的には終身雇用制（長期雇用）をそのもとにしているといえるが、それによって生ずるインセンティブ及びモティベーションの高さを、大企業における大卒サラリーマンの内部昇進というシステム（人事制度）にみることができる。これまで日本企業（特に製造業）における競争力の強さは、工場労働者のモティベーションの高さに求められてき、ブルーカラーの生産性の高さが指摘されてきた。それに

三、経営における日本的フレキシビリティーとX効果

対してホワイトカラーの生産性は低い[11]とされており、ホワイトカラーの生産性を上げるべく、これまでにみてきたような日本的経営の見直しがなされているといってもいい。日本企業における雇用慣行及び人事制度は、これまでの日本企業の競争力を強化してきた大きな要因であるといえ、ホワイトカラーの、状況に適した意思決定があればこそ、ブルーカラーによる生産性の高さが生きてきたともいえるのである。

大企業における大卒ホワイトカラーの意思決定は、どのようなキャリアを積み重ねてなされるようになるのかをみると、それは終身雇用制の下での長期にわたる内部昇進への競争より生じてきたものだといえる。即ち、大卒で入社してきたホワイトカラーは、その時点においては一直線に並んでおり、賃金や昇進においてはほとんど差がついてはいないが、すでに長期間にわたる競争に入っており、その時から査定が始まっているといえる。

研修はＯＪＴを中心になされ、全員の知的熟練を増すよう組み立てられ、企業に必要な知識がここにおいて得られ、蓄積されていくのである。このように入社したその直後から長期にわたる競争と熟練とが積み重ねられ、これらを経過し、キャリアを積んだ後（三〇歳代後半、一五年目頃から）、それまでの査定の上に、業績評価や能力査定が加えられ、管理職への資格を含んだ昇進上の格差は大きくなっていくのであった。こうして日々変動しているビジネス環境の下、それに適切に対応し、長期的、短期的な意思決定が出来る者がミドルマネジメント、経営者としての資格を持つ者として周囲に認められるようになっていくのであった。

こうした組織（集団）への参入の仕方と、そこでの平等な出発および扱いとは、日本文化、日本社会に固有のものであるといえるのであるが、その後における組織内での激しい競争も又日本の文化・社会の大きな特徴[12]でもあった。そしてこうした日本の文化・社会的特性と企業における経営システムとが一致したところに日本的経営

の一番大きなポイントがあり、それらがこれまで日本的経営を成功へと導いてきたといえるのである。

新入社員は全員、機会の平等が与えられ、そこからスタートが切られることとなり、長期間の競争が始まるのであるが、そこにおいて長い間真面目に働くことによって差がついていく。それはそこにおける参加者にとってフェアなこととして受け入れられ、納得されることであった。日本社会における成員に対する平等意識は、成員間の一体感を強く持たせ、成員間の格差を取り除くこととなった。それが給料、収入等の格差を抑えさせる役割を果たすことになるのであるが、平等な出発であるだけに、その後の格差に対しては激しい競争を引きおこすのであった。

(3) ゼネラリストとミドルマネジメント

日本企業における意思決定は経営者によって方向付けが与えられ、ミドルマネジメントによる実務上の立案を通してなされるが、それには長期にわたり知的熟練を受け、情報を充分共有しており、「現場」を知り尽くしてきた、即ち内部昇進によってミドルマネジメントになった者の発想と戦略、立案こそが重要なものであった。

日本企業、特に製造業における企業間競争(13)は、過当競争という言葉があるほどに激しいものであるが、日本では企業内における組織間競争も又、非常に激しいものを持っている。たとえ企業としては目的を同じくするものであったとしても、企業内の各部署、各事業部等は他との競争を通じて、その内にいる所属メンバーは業績評価を受けることとなる。こうして全社的立場に立った長期的立案と意思決定に参画すると同時に、所属部署同士での競争という短期的利益の追求も求められているのである。

このようにして日本においてはホワイトカラーを長い間をかけ、営業、経理、研究開発、生産管理、人事等における業務専門家からゼネラリストへと変化させていくのである。それによってこれまで業務専門家としての経験と知識とを積んできた者に、そこで得たものを基に、さらに企業内外の人間関係や調整、協調等の経験[14]を加えさせ、ゼネラリストとしての力を養わせた。そして管理職への能力を育てつつ、企業における貢献度を最も有する立場へと成長させていくのであった。日本においてはトップダウンよりもミドルアップによる意思決定を重視するために、こうしたミドルマネジメントの役割は非常に大きく、そのための能力が要求されている。こうした行動を通し、さらに取締役から社長にまで昇進していくメカニズムを有しているために、ここでも競争が展開されていき、昇進へのインセンティブが貢献度をさらに増していくのである。

このように、日本の企業においては、その多くが取締役や社長にいたるまで内部昇進によって成されているために、大卒で入社したホワイトカラーは、平等なスタートラインより出発した後、一〇年、二〇年にわたる長期間の競争をくぐりぬける中で、より大きな能力を持つようになるとともに、ゼネラリストとして成長していく過程で、他の国々にはないX効果をもたらすことになる。こうしたX効果こそが日本的経営の大きな力であるといえると同時に、長期間真面目に働こうとする要因ともなり、長い間をかけて上昇していくインセンティブにもなっている。

三、経営における日本的フレキシビリティーとX効果

日本における年功序列的昇進とは、実はこのように、その内において激しい昇進競争を含んだ上でのものであり、単なる年齢給ではないのであった。そして、それを可能とさせているものが長期にわたっての雇用保障ともいえる終身雇用制であった。

しかし、日本企業における長期雇用は、法律に定められたものではなく、退職は可能であり、それは労使ともに認めてきた慣行であった。それは労働者（働く者）にとっては仕事が保障され、生活が保障されているということであり、それ故に会社との関係が深まるとともに、長時間労働も受け入れられることになり、労働争議も少なくなってくる。又、それは内部昇進を可能とし、たとえ取締役、社長であっても、かってはヒラ社員からの昇進によって成った者であるということから、労働者と経営者との間には階層的連続性が生じ、それが経営者側においては労働者側への理解となり、労働者側への利益の分配にも協力的となる。一方、労働者側も経営者側に対して理解度とともに一体感を強くさせる要因ともなっており、労働意欲を高める効果となっている。職場内においても長期雇用は長期的人間関係をつくり出し、上司も職場内の経験者であるために、職場内のさまざまな問題に対応できるという利点も持つ。

長期雇用は企業も労働者も、雇用保障を前提とした共通の目標、目的を持つために、共に成長志向となり、そのための協力を可能とさせることになった。欧米においては不採算部門が生じた場合には、それらは切り捨てられることが多く、そこにおける従業員、労働者は解雇されることとなるのであるが、日本におけるそれは、他の部門に異動させることによって、雇用を守るという方法がとられることになる。これは長期雇用の下で、人事異動、ジョブローテーションなどが頻繁に行われ、幅広い業務知識を習得させる方法が可能となるために、部門間の異動が容易となっており、経済環境の変化にともなう雇用調整時においても、解雇しなくてもすむという内部労働市場をつくり上げているためであった。それは労働側にとっても働く場が広がることを意味するのであるが、経営側にとっても、それまでの業績評価を加味した管理職候補を、複数の職位において可能とさせることになるのであった。

長期雇用においては、雇用を保障されることによって安住してしまうという点に対しても、こうした内部昇進というインセンティブによって、これを否定することが出来るといえる。もしそれが短期におけるものであれば、早い時期にあきらめてしまい、インセンティブを失ってしまうかもしれないが、それは最終ゴールに向けての長期間にわたるものであるだけに、インセンティブは持続し続けることとなる。

日本における終身雇用制（長期雇用）とその下での年功序列は、非常に厳しい競争原理を含んだものであるといえ、決して年功だけが昇進、昇給への条件となってはおらず、それをもってホワイトカラーの生産性が低いとすることは出来ないといえる。それよりも実質的な意味においてはかえってX効果を高める大きな要因となっているといえる。事実、同じ勤続及び年齢の下にあっても、段階ごとの厳しい評価によって、大きく差がついているのである。

(4) 日本における競争原理と集団主義

これまでみてきたように、日本的経営の効率性を語るときには、やはり結果として（制度として）の終身雇用制（長期雇用）と年功制をぬきにして考えることはできない。それらから、若年層における高い定着率が生まれ、それを前提とした企業内での技能形成が行われるのであって、それらは累積的に継続されていくのであった。こうした企業内訓練及び内部異動を伴う技能形成のための長期にわたる計画の高さは、経済的合理性を具えたものだといえる。異なる職務や職種間の内部異動を可能とさせるためには、賃金と職務とは切り離されていなくてはならず、それには特定の職務にこだわる必要のない制度、即ち年功賃金や終身雇用が必要であった。

長期にわたる内部昇進においても、年功制は平等性とともに競争性を持ったものとして存在していたために、効率的に作用していたように、「競争」と「平等」という二面的な価値原理がコインの裏表のように存在するが故に、日本的経営はX効果を発揮することができたといえる。そしてこうした平等主義と効率主義は日本社会に深く根ざしたところの両立した価値観であり、日本的集団主義の持つ属性でもあった。この属性より平等主義とともに競争原理が生じ、それが社会及び日本経済のダイナミズムともなってきたのであった。

日本は高コンテクスト体系に内在する価値を企業の合理的な運営管理技術にまで高め、制度化してきたといえるのであるが、それが「家族主義と合理主義のバランスした社会」又は「機能集団と共同体の二重構造社会」といわれるゆえんでもあり、平等社会とともに競争社会が生じる背景でもあった。国際的にみても日本ではホワイトカラーとブルーカラー間の収入格差が少なく、学歴別にも、そして又管理職とヒラとの間の収入差も少ないなど、平等性の強い社会であるが、それは集団内における競争の激しさを示すものでもある。

こうした、社会に基づくシステムにより、日本における労働者、従業員は積極的に自己の職務上の工夫・改善を行うようになる。これに対して欧米においてはトップのみが長期的視野に立った考え方をするだけで、一般の労働者、従業員はその日のことしか考えないという経営体質となっている。これまでのダイナミズムは企業組織の活性化と、底辺からトップまでの働く者のモチベーションの高さとともに、積極的な企業目的への協力等にかかってきたといえる。

日本における終身雇用慣行（長期安定雇用）は、欧米においても長期間勤めている割合が多いことをもって日本的なものではないとする説がある。しかし勤続年数だけがたまたま一〇年以上となった者が、ある程度存在していたとしても、それだけが単一の制度として、それだけで終わってしまっているのである。労働者、従業員はあくまでも賃金だけを払って、その部署の要因として雇用しているだけであって、交換（人が代わっても）かまわない者として存在しているだけなのである。又、年功賃金制にしても、それは結果的に年齢によって賃金が上昇する傾向にあるということであり、基本的には職能給であって、日本のように制度としてとられているものではない。

日本の場合、それは労働者、従業員を人間集団として、その内の一人一人を採用から退職までの間、一貫して考えていこうとするものであって、それを労使ともに意識、認識した上で行われてきたシステムなのであった。従って、たとえ業績不振等によってやむを得ず解雇するような場合が生じたとしても、それを日本のように終身雇用制の意識をもって行う場合と、欧米のように全くそうした意識をもたず、ただ単に経済的合理性のみをもって行うのとでは大きな違いがあるといえる。こうした、経済的合理性のみによって雇い入れや解雇を行うことをしなかった日本社会と、これまでの社会的コンセンサスとは、やはり日本文化に由来するところが大きいといえるのである。

(5) 企業文化と経営組織

「文化」とは狭義にみるならば「内面的な生活様式の体系」であり、その中心となるものは価値体系である。従ってそれは「行為の様式、手段および目的を選択する際に影響を与えるところの……望ましいものに関する…

…観念である」[15]のであって、何をよしとするか、が「文化」にかかわっているのである。それ故企業にも「企業文化」というものがあり、企業およびそこでの支配者が持っている価値が、企業活動を行うにあたって選択するところの目的や方法に大きく影響を与えるものなのである。こうした企業文化に影響を与えているところの日本社会の価値観（理念＝エートス）[16]は日本的集団主義（共同主義）および人間主義であり、欧米のそれは個人主義又は没人間主義であるといえる。

日本的集団主義は、価値及び行動基準を他者との共同行動におくことが最も望ましいものとするもので、共同行動を行うことに貢献することによって、個人生活の安定と向上とが結びつく場合が最も望ましいのであって、「公」を優先させることによって「私」を生かしているのである。これは又、欧米のようにキリスト教より生ずる絶対的価値基準[17]を持たないために、状況的な判断が優先され、時と場合によって「公」と「私」とは変化し得るものであった。これは欧米の個人主義が価値、即ち行動基準を自からの内に置いて、自らの認める価値にしたがって行動するのとは大きく異なるものであった。

「個」の概念と「内」なる基準を持たない日本人は、組織体の内部に連帯感や安心感を持ち、各成員が協力し合うことによって組織目標を達成すべく努力し、それによって自己の欲求も満たされるのであった。このように日本の場合は運命共同体ともいえるような身内の中に入り込んでいるために、個人単位で機能しようとするよりは、一つの組織の構成員として行動する。この「身内」意識・帰属意識においては、その「内」にいるかどうか、即ちその組織に属しているかどうかが判断の最も重要な基準となる。

したがって、成員はその内にいるかぎり依存と生存が保障されるが、その「外」のものに対しては全くの他人となり、他の組織に対しては非常に競争的となる。「内」における一体感と感情的な結合は、外との対立を却ってはっきりさせることとなる。こうした「内」と「外」という意識は外部に対する激しい競争意識を生じさせるため、組織内におけるグループ分けによる競争力アップにも利用された。QCサークル[18]などがその一例である。又、「個」の概念を持たない日本人は、人間関係においてはたえず他者を意識し、それとのバランスを考え、相手の側に基準点をおいて自らの行動を設定しようとする。そのため、明確に設定された目標に向かって走るというよりも、相手に対して「追いつけ、追い越せ」という競争意識を持つこととなる。

加入に際しては選択の意志が働き、ある目的のために選択をとおして結ばれるのであるが、一旦加入した成員にたいしては平等に、全く差別することなく、何らの限定も加えず、無期限に集団に帰属させた。そして全人格的な存在としてとらえようとする日本的集団主義をあらゆる組織体に適応させ、目的合理的に運用して、経済合理性と同時に疑似家族集団[19]の形成を可能にしたのが日本の経営組織であり、日本的経営であった。

経営理念においても家族主義とともに合理主義を、共同体的なものと同時に機能集団的なものを、平等主義の中にも競争原理を強く持ったところの重層構造をつくり出していった。さらに、「状況相対的」、「関係状況的」なものの見方が優位な日本の文化構造の下では、自己規定、行動基準の相手側からの設定という傾向が生ずるため、年功序列下での競争原理という昇進競争をひきおこし、強力なダイナミズムを経営組織内につくり出していったといえる。

バブル経済の崩壊後、日本の経済社会は、ますますアメリカ型の自由主義を強くしていき、競争主義が中心的価値となってきた。規制緩和、金融ビッグバン、日本的経営における終身雇用制の見直し等、大きく経済システムが変動しつつある。しかし、日本の経済成長を支えた日本的経営の持つ、他国にはないX効果は、近代資本主義が求め続け、近代化や経済成長期には最大の価値であった「効用」とも違うものによって生じてきたものであった。それはある意味では西欧社会が歩み続けてきたゲマインシャフトからゲゼルシャフトへという道のり[20]だけでは示し得ない道であるともいえる。そして現代社会においてもなお「こころ」のふれあいをもとした共同体の持つ、人間中心、心の通い合う人間関係中心の社会、コミュニテイーの必要性を示すものであるともいえる。それればかりか人は合理性、効率性だけでは生きられず、それだけの社会はかえって活力を失っていくであろう。人間的な温もりと信頼とに支えられた社会の必要性と、そこから生ずるX効率性の可能性は、経済合理性に基づく制度だけでもたらされるものではないことを示している。

註

(1) ある目的を中心とした、「契約」にもとづく社会(ゲゼルシャフト的社会)でも、「血縁」関係を中心として成立している社会(ゲマインシャフト的社会)でもない、ある目的と意志をもったところの擬似親族形式によって成り立っている社会のことで、社会学者F・L・K・シューはこれを西欧の「クラブ」型社会、アジアの「クラン」型社会に対して「イエモト(家元)」型社会としている。その社会においては選別によって成員となるのであるが、ひとたび入れば、その組織(家元の場合は社中)の一員として組織の長(家元)と形式上の親子関係を結び、一生そこに属するとともに、和を保ち、組織のために忠誠を尽くしつつ自己実現をはたしていこうとするもので、運命共同体的であった。

(2)「内」なる基準は宗教より生ずることが多い。一神教の下で教典と普遍主義的な教義体系をそなえているユダヤ教、キリスト教、イスラム教などにおいては、あるべき姿（義・罪など）が明示的に示されており、各人がそれらの基準に従っているところの社会である。それに対して日本の社会は本質的には神道という、自然発生的宗教がもつところの精神を中心にした社会であり、教典や教義体系を持ってはおらず、多神教であるために、「内」なる基準はたてにくい。又仏教においても創唱者は存在しても、自ら悟りを得るものであるために、基準をもたらすものとはなりえない。その教えは、「自我」をなくし（無我）、あらゆる存在との関係（縁）を知り、ものごとに執着しない心をつくるためのものであって、「個」又はそれのみで存在することを認めない。すべては共に関係し合い、共に支え合っている存在だとしているために、個々人の内に存立しうる基準は生じ得ず、その基準はむしろかたよらない心、とらわれない心、「中」（中道＝和）のうちに存在するのであった。

（3）「内なる基準」が生ずるところの宗教を持たない日本において、儒学は唯一「あるべき」ものを求めたもの（それが宗教であるなしは別として）であり、キリスト教的倫理観とも通じる「義」を有する体系であった。それゆえに徳川幕府は幕藩体制の秩序原理として朱子学を導入し、武士階級の秩序を形成するとともに、それは寺子屋、その他を通じて町人、商人、農民に至るまでの秩序原理となっていった。そこには石門心学や江戸末期の二宮尊徳などの影響もあるが、学ぶことによって全人格的な徳を得ることができ、それによって秩序が維持できるとした。特に為政者には最高の徳である「仁」が要求された。

（4）「教える」ということは「学ぶ」ということの対概念でもあるが、『論語』においてはその最初に「学而編」がおかれており、学ぶことからはじまっている。ここに儒学の崇文思想（教養主義）と人格主義（ゼネラリストを求める思想）とがある。

（5）日本の企業の場合、労使間で明文化されたルールは非常に少なく、中でも昇進、昇格問題はインフォーマルな、暗黙の前提によって動かされる部分が非常に大きい。又、人事考課においても「能力考課」、「態度考課」という総合的な人物評価が中心となっており、近年改革された考課においても、「仕事の改革・改善・業績向上」の他に「メンバー支援」、「社会的見識」などの項目が入っている。

(6) すでに一九二〇年代、重工業大企業において行われていたとされるが、それは当時の労働力不足の下、熟練工の養成・確保という重要な問題に根ざして行われたものであり、戦後のそれとは質的に異なったものである。

(7) 日本社会のもつ特性は、その多くを唯一絶対の神を持たない宗教、神道や仏教の中に求めることができるのであるが、目的合理主義又は経験合理主義は儒学、特に朱子学の内に強く求めることができる。朱子学には合理主義として目的合理主義と価値合理主義が存在しているのであるが、中国、朝鮮においては価値合理主義に大きく傾き、日本では目的合理主義に強く傾いた。

(8) Alfred Marshall, "Principles of Economics", 1890, London, Macmillan. 馬場啓之助訳『経済学原理』東洋経済新報社、一九六五年、Ⅱ巻、二〇七頁。

(9) 新・日本的経営システム等研究プロジェクト「新時代の『日本的経営』」、日本経営者団体連盟、一九九五年

(10) H.Leibenstein, "Allocative Efficiency vs. X-Efficiency", American Economic Review, 1966.

(11) 一九八〇年代後半からの激しい円高により、日本の労働者のドル換算賃金水準は上昇し続け、一九九二年当時のアメリカの労働者の賃金と比べて二倍以上となっていた。特に中高年のホワイトカラーにおいてその差は大きかったため、日本のホワイトカラーの生産性が問われるようになった。『労働時報』三、一五八号、一九九四年。

(12) 日本の社会は社会学者のシュー（F.Hsu）が分析しているように、アジア的な親族の原理に基づく社会でもなく、西欧のような契約の原理に基づくものでもなく、その両者が入りまじった縁約の原理社会であるとするところから、その属性である共同体原理（人間関係中心の家族主義的な面）とともに競争原理（合理主義、機能主義的な面）を含んだ社会であるといえる。Francis Hsu, "CLAN, CASTE, AND CLUB" D.Van Nostrand

Co., Inc. 1963.

(13) 欧米においては企業の成功とは利潤を大きくすることであるが、日本企業の場合は、シェアを大きくしてその会社を発展させることが大きな目的であり、それはトップから現場の労働者までもが抱いている目標であった。したがって長期雇用を支える上では企業の永続性は不可欠なもので、そのためには長期的な展望の下で計画をたてる必要があった。『世界の企業の経営分析』通産省、粗付加価値率の比較から。

(14) 日本社会においては「関係」という概念は大変大きく「間人主義」という価値観の普遍性にもみられるように、ほとんどが人間関係に収斂されるほどにその存在価値は大きい。ホワイトカラーがいろいろなポストをめぐり、昇進していく間に、企業内外に「人脈」を得ていくのであるが、調整や協調も日本社会における管理職にとっては非常に大きな役割である。日本の組織内における「長」は、リーダーというよりも、全体の意志をとりまとめ、全体のバランスをとり、それぞれうまくいくよう配置することが重要なのであった。絶対我を持たない日本の社会においては意思決定における「和」の実現こそ重要な管理職の役割であった。

(15) 濱島朗編『社会学小辞典』有斐閣、一九九七年。

(16) Max Weber, "Die Protestantischen Sekten und der Geist des Kapitalismus" 中村真二訳「プロテスタンティズムの教派と資本主義の精神」『ウエーバー　宗教・社会論集』河出書房、一九六八年。「エートス」はM・ウエーバーによって上記の著書において強く示されたもので、何をよしとするか、何を望ましいものとするかの価値観は、宗教より生ずる理念によって決定づけられるとされた。従ってそれぞれの社会は、それぞれの宗教的エートスによって社会原理がつくられており、日本においては神道をもとに、仏教（儒教は宗教とはいえないが大きな役割を果している）が大きく価値観を規定しているとした。

(17) キリスト教は、唯一絶対神（ヤハウェ）が目的をもって世界を創造し、治めており、神は全知全能で、その言はロゴス（logos）＝真理・理性であって、それは聖書において示されている。そこから、善も悪も、正も邪も、神が示しているところの義（絶対的な正しさ）に従うことを絶対的な価値基準としているために、その基準は揺らぐことがなく、宗教（信仰）を通して、個々人の心の内における絶対的価値基準となり、社会における行動原理をかたちづくってきた。それに対して日本における宗教（神道や仏教）においてはそうした唯一絶対なる神の存在はなく（神道は多神教、汎神論であり、仏教においても仏陀は悟りを開いた一人の人間であって、ここには唯一絶対で全知全能の神の存在はない）、それゆえ神道は人々の日々の生活習慣として生かされていくこととなり、仏教は人間の持つ「苦」からいかに開放されるかを悟るための知慧を授けるものとなっていった。従って普遍的というべき価値体系を持つことが出来ず（一神教の持つ教典、即ち普遍主義的な教義を体系的明示的に示すものがないために）、各人が従うべき基準を持てず、「内」なる基準をたてにくい。そこから、善悪や自らの行動基準を求める場合においては、その時と場における「状況」、他の人々の行動や判断などが考慮されることとなる。従って「公」と「私」との境界も、自らの中では設定しにくく、状況に応じた判断となりやすい。

(18) 「内」における「和」は西欧でいうところのハーモニーではないために、「外」に向かっては大変競争的となり、重い負担となるＴＱＣも積極的に推進するために、日本製品の品質、性能をより良いものにしていき、それが国際競争力の強化につながった。本来「品質管理」はアメリカからおこったものであるが、アメリカにおけるそれは、専門家としての品質管理技術者によってなされるＳＱＣを意味していた。それが日本ではＴＱＣを意味するようになり、ＱＣサークル運動をイメージするものとなってきた。即ち、日本では一般作業者に品質管理の意識を持たせること、又は持たせるシステムのことをさし、それは製造に直接携わる者の品質のつくりこみによってなされるのであった。

(19) 日本の社会を疑似家族集団とするとらえ方は多くの研究者によって検討されてきたものであるが、中でも広範な研究をもつ村上・公文・佐藤等による『文明としてのイエ社会』をもとに、「イエ」(組織原理としての日本の家制度の原初形態)の特徴をみてみると、それは血縁のある一族と家子、血縁のない家人や下人等をすべて構成員として含んだところの超血縁的集団であり、共に一つの目的を有するところの運命共同体的経営体であった。これを企業集団にあてはめるならば、ここでは長期的存続という目標が極めて重要となり、その維持と拡大のためにさまざまな「日本的」といえる特徴があらわれてくるのであった。

(20)社会学者テンニース(F.Tönnies)は、社会はゲマインシャフト(血縁・地縁をもとにした共同体的社会)からゲゼルシャフト(目的の共有を中心としたところの契約による社会)へと進んでいくとした。合理性を中心とした組織においては機能的参加が求められ、すべてが契約によって処理されるところの理性的な社会であるが、それだけでは人間は満足できないといえる。ゲゼルシャフトに傾きすぎたことによる弊害は、今世界的にも社会のいたるところに生じてきている。ゲマインシャフトからゲゼルシャフトへという直線的な発展ではない人間のこころ・感性を重視した社会、ゲゼルシャフトの中にもゲマインシャフト的要素を折り込んだものの中にこそ、「インセンティブ」は存在するのではないだろうか。

四、近代化から戦後の経済政策・企業経営にみる儒学

1、経済社会システムと宗教

(1) 社会と宗教

我々は意識するしないにかかわらず、様々な価値規範に囲まれて生きており、それは社会規範となって我々を規制しているといえる。それらは我々を保護するものであると同時に、束縛するものでもあるのであるが、そうした価値観や規範が経済社会システムとなり、我々はその下で、それらに従い、又はそれらを支えに生活を営んでいるといえる。

当然このような社会規範及び経済社会システムは、宗教と関係を持っているために、それぞれの宗教が提示している価値体系を無視して規範及びシステムを論ずることはできない。それは日本においても同様で、現在の日本が直面している社会や経済、政治や倫理の問題の発生原因を究明するには、宗教と社会との関係を無視又は避けて通ることはできないといえる。

しかし近代以来、日本においては宗教と社会との問題を敢えて避けてきたし、明治維新以来の近代化の過程においても西洋文明という異質な文明と、その受け入れに伴って生じてくるであろう自文明の変革という問題に対しても直視することを避けてきた。このように明治の近代化以来、日本においては意識的に宗教と社会との分離政策を行ってきたともいえる。

又、近代的な知性とは、基本的にはキリスト教の呪縛からの開放ということであるために、宗教との関連を過小評価し続けてきたともいえる。それは西洋の近代とは中世的な宗教支配からの人間の解放であったために、(日常生活の全てから死後の救済までの一切に対して教会支配からの脱却、教会権力よりの決別を目指したものであり)その後は「理性」というものにその機能を託したのであった。即ち教会支配から「理性」という非宗教的な精神に社会の統合を託したのであった。

しかし、それは人々の信仰をも否定したものではなく、キリスト教への信仰は個人的にも、そして又社会的にも生き続けてきたのであった。従って宗教が提示しているところの価値体系及び世界観は、倫理規範又は社会規範として人々の行動における価値合理性の基準となり続けているのである。それだけに宗教は社会規範や社会制度に大きな影響力を持っているといえ、社会の研究も、そして又諸々の社会的経済現象も「宗教」を抜かしては十分に理解することは出来ないといえるのである。

アジア又は東アジアにおいても、宗教と社会との関係は抜きにすることは出来ないが、それは近代ヨーロッパの合理主義精神とは大きく異なるものであった。一般にアジアにおける宗教は人間の理性を宗教と対峙させるようなものではなかっただけに、「アジア的な停滞」をもたらし、ヨーロッパ諸国の植民地と化したといわれている。ただ日本だけは西洋社会の表層的な部分、即ち社会機構の面を中心に輸入してきたために、即ちそこにある宗教や信仰の輸入は拒んできたために、宗教と社会との連続性は否定されたままできたのであるが、そうした態度を可能にしてきたのは朱子学的な合理主義であった。

その後も日本においては現代に至るまで宗教と社会との関係を考えることを極力避け、無関心を装ってきた。

それは、神道や儒学は日本人にとっては宗教とは意識されず、両者とも生活原理、社会原理の中に完全にとけ込んでしまったからだといえる。それは戦後においてはさらにタブー視され、宗教と社会との関連性に対する検討はほとんど行われてこなかったといっていい。しかし、近代から現代の日本に至るまで、宗教と社会との関係は決して皆無とはいえず、イスラム教社会ほどではないにしても、経済社会に対して大きな影響力を持っているといえる。

現在の日本社会においては社会規範の崩壊に伴う様々な問題が噴出しており、グローバリゼーションという西洋的（アメリカ的）な価値観の下、経済社会システムにおいてはさらなる混迷の度を深めている。これらを乗り越えていくためには、日本の近代以降の歴史をあらためてふり返り、宗教と社会との関係を検討していかなくてはならないであろう。それによってこそ日本の近代史がもつ特質（特性）を明確にすることができると同時に普遍性の形成を考察することができる。

その意味において、現在の日本人の精神を形成してきたところの伝統思想（仏教・神道・儒学）のうち、システムの構築上においては最も影響を与えてきたであろうところの儒学（日本においては宗教性を取り除いたところの儒学）に中心を絞り、儒学と経済社会システムとの関係を考察することは、これからの普遍的ビジョンの構築に向けて少しでも役立つことになりはしないだろうか。

近代経済学の理論の中心には合理的経済人のモデルが置かれており、そこには自己の利益を求めて合理的に行動する人間がいる。そこでは人間のもつ多様な側面は捨象され、抽象化された人間像のみがある。それゆえ経済学の理論は精緻化されることが出来たのであるが、そうした一面的な人間への理解度は、その理論そのものを現実から遊離させてしまったともいえる。実際の人間の生活にとっては、即ち「経済」にとっては、政治も倫理も宗教も含まれているものであり、それらが重要な要素として互いに関連性を持ちつつ営まれているのである。

人間はそれ自体では存立又は成り立ち得ない存在であるといえる。他の人々や社会、物や自然の中でそれとの関係を結び、又はそれらに制約されたり規定されたりして生活を営んでいる存在なのである。従って人間の経済活動は欲求を満たすための物的手段の調達だけではない、多層性をもったものとして、即ち利潤動機に限定されない多様な行動原理を持っているのである。それゆえ「経済」又は「経済学・経済理論」を考える場合においても、そうした「人間」の面に光を当てて考えなければならないといえる。

アダム・スミスは市場に対する「信頼」から市場原理主義的な人間像をえがいたのであるが、現在においてはそれが一種の「信仰」に近い形での経済社会の基盤となってしまったがゆえに、当初スミスが描いたものとは異なったものとなっている。マルクスは人間は経済社会を合理的かつ効率的に計画し、又管理する能力を持っているとして、私的利益より全体的利益の方を自発的に追求するといった。それにより人間が自己利益を追求する傾向にあることを見落としてしまったために、社会主義的計画経済が現状にあわないことを露呈してしまったといえる。又ケインズは自由な経済活動とともに国家の経済介入を重視したのであるが、ここでは人間の知性（叡智）に対する強い信頼が基になっている為に、それとはかけ離れた人間によってさまざまな政治経済現象がもたらされるようになってしまったといえる。

ここから得られることは人間存在の本質的な部分、即ち人間は自己利益を追求するという性向を否定できないということである。それと同時に人間は利潤動機だけを唯一の行動原理としているのではなく、連帯とか協同、生き甲斐とか働き甲斐などの動機をも持っている存在だといえるのである。「人間とは何か」という問いは古代ギリシャ以来の問いであり、それは「理性的に生きる存在である」ととらえられたり、「感性、情念的な存在である」ととらえられたりしてきた。しかし当然のことながら、そのいずれが欠如しても人間としての真価は発揮できないといえる。理性は感性（情念）なしには何事もなし得ないであろうし、感性（情念）は又、理性によって抑制されないかぎり破滅の危険にさらされる。理性を過信することなく、そして又理性の限界をも常に意識しつつ、「理性的存在としての人間」をみつめていかなければならないであろう。

では、一方においては「感情の動物」であるところの人間は、行為の道徳的な善悪をどのようにして決めているのであろうかということを、スミスの『道徳感情論』[1]においてみてみると、イギリスの経験主義的思想においては、道徳問題は「理性」の問題としてではなく、「感情」の問題としてとらえられてきた。『道徳感情論』においては「理想的な観察者」の「共感」が得られることにおいてのみその行動は社会的に「是認」される「妥当性」をもつとなっており、それは非難されることのない正常な行動とされるのであった。そしてその限りにおいては人々の利己心は妥当性の範囲にあるために、社会は崩壊することはないとするのであった。即ち「共感」と「公平な観察者」の下でのみ自分の行動を律することができるのであった。

それは「共感」と「公平な観察者」の存在によって構成される社会であるが、こうした「集約されたところの他人の目」を意識して自制するということ、自分が他人の立場に立ったと想定した時、その行動の動機となった感情に「共感」できるならばその行動を「是認」し、そうでなかったら「否認」するというとらえ方は、「公平な観察者」という概念を入れないならば、孔子の思想（『論語』[2]）の中にも存在しているのである。

スミスにおいては「公平な観察者」とはその社会の価値観や思考様式、文化的伝統などについての認識を「普通の人」と共有していなければならないのであり、こうした共感（利他心）とともに自利心は両立しているのであった。スミスは「共感」を社会成立の心理的基礎又は経済行為の心理的基底ととらえ、この「共感」の上にこそ自利心は機能しうるということ、即ち自利心は「共感」という根本的な感情の上に生じた派生的な心理要因にすぎないととらえていたといえるのではないだろうか。それ故に、そこから各自が自由に利益を追求するならば、それが社会の利益を増進することになるとしたのであろう。

しかし一九世紀以降の経済学は資本主義の発展と共に、自利心による利益の追求のみに走ってしまったために、経済社会の困難さを生じさせているといえるのではないだろうか。「共感」という概念は経済学の非倫理化の問題のみならず、経済社会においては人間相互間の重要なファクターであると同時に、そこにおけるメカニズムの基礎ともいえるものである。儒学における「仁」又は「恕」はまさに経済社会における「世間の目」をとおしたところの「共感」に求めているものであり、そこには有識者の社会の目（「修己治人」）という、スミスがいっているところの「よく心得た（well-informed）」な人間を求めているともいえるのである。

スミスはここで、「公平な観察者」は家族や友人や知人であってはならないといっている。それはこうした人々は当事者に対して特定の利害関係を持っているために、彼らの感情には偏向があり、公平ではあり得ないとしたためであった。したがって観察者は「あかの他人」でなければならないのであった。それは近代の市民社会とは共同体的なものから析出された諸個人によって成り立っている社会であり、近代市民とは見知らぬ他人同士であるためであった。

これに対して東アジアにおける社会、たとえば孔子の求めた社会においては「公平な観察者」という概念は育たず、『論語』においても、子は親の不正を隠すことこそが美徳であり、子としての当然の態度であった。[3] それは、父子の間にあるのは「情」であり、こうした「情」又は「人情」によって相互に思い遣る時、人の心は通じあい、人は人に優しくなれるとしたためであった。それは家族間だけではなく、いずれの場合においても同じであり、相互の「愛」(仁又は恕)が通いあう時、和気藹々たる共存が実現するのであった。そしてそうした人々(民)による相互監視によって秩序は保たれるのであった。

(2) 日本における「近代化」と近世儒学

丸山眞男は儒教研究において、日本だけが非西欧地域ではじめての近代的国民国家形成に成功しつつあるのはどうしてか、という問題意識を持った時、それを思想史的に探求した上で、朱子学の解体→近代的思考様式の萌芽的成立→西欧文明受容における思想的基盤の成立ととらえた。そして「シナ帝国」を儒教による家父長制国家と見、それが永続的停滞をまねいているとしたのであった。[4] そして儒教を「持続的停滞の帝国」のイデオロギーとするとともに、日本はこの停滞のイデオロギーの桎梏から抜け出したが故に東アジアではじめての近代国家をつくり得たとしたのである。

こうした丸山眞男の『日本政治思想史研究』における中心概念は、中世的カトリック的な世界秩序の解体によって、近代的な国家が成立してきたというのと同じ解明の仕方であった。しかし、これが中国・朝鮮においては成立し得なかったということをもとにした展開過程であり、日本の場合は西欧の近代化のそれとも違う展開の

「型」をもっているとしたのであった。しかし日本においても朱子学的秩序論を解体したところの論理も、それは支配者によるものであって、人民によるものではなかったところにその限界があるとした。そしてその限界ゆえに日本における近代的国民国家は依然として未完成であるとし、儒教的な前近代的メンタリティーが国民的次元でまだ克服されていないとしたのである。

西洋の「近代」又は「民主」と儒学との関係の問題は、歴史の進むはずの、あるいは進むべき方向が「西洋化」であるか否かという問題と関連しているともいえる。西洋の「近代」と儒学との関係はいろいろと議論されてきた。そしてそこには又平等・民主・自由等の問題がかかわっている。

しかしそうした問題を考えるに当たっても前提となるさまざまな問題がある。例えば「自由」の問題を考えるにしても、それは東アジアにおいては「(解脱して)何ものにもとらわれぬ境地」を意味しているが、江戸時代の日本では「思いのままになる」ことを指す言葉(如意)となり、西洋における freedom とか liberty とは異なる概念を含んでいたのであった。「公共性」という意味においても同様で、中国での「公」と日本の「おほやけ」と西洋の public とは異なる概念を持っているといえる。

朱子学においてはその中心的概念であるところの「理」又は「天理」とは即ち「公」なるものであって、それは万人に共通の、そして又万人の共存を可能にするものであった。個々人は現実としては「私」をもつが、同時に「理義」とは、「人心の同じく然る所(『孟子』)」であり、人の性、天性なのであった。従って人が万人に共通であるところの本性の顕現、即ち最高の自己実現をした時、「無我の公」に復り、一切の「私」がなくなるとされている。こうして各人の善は万人の善であり、万人がこうした本来性へ回帰した時、天下は真に治まるとしたのであった。ここでは道徳的に等質的な社会が前提となるし、万人の共通性とは異なるところの「個性」等は存在しないのである。

このように政治社会、経済社会を考え、近代化を考えるにあたっては、人々の意識や無意識、潜在意識のレベルにまで下って考えていかなければならず、知性や感情等あらゆる感覚の在りよう、意識の在りようなどの全体からみていかなければならないといえる。

幕末の儒学者横井小楠は、当時の西洋の政治を論じて「殆三代の治教に符合する」[5]と述べるとともに、それは支配者の私利私欲ではなく、公共的な精神と「民情」とに基づいて、「仁政」を行なっているからだとしているのである。又、明治の自由民権運動家の中江兆民は孟子や柳宗元などが見出したところの「理義」と、西洋でいうところの自由・平等・民主という理念は同一であるととらえてきた[6]。朱子学者の阪谷素（朗廬）は「……洋学ニ於テ見聞スル所ナシ、唯一ノ正理公道ニ依テ之ヲ推スノミ……」[7]と述べて、朱子学の持つ「正理公道」にて洋学を凌駕することができることを自負しているのである。

このように、江戸時代の後期から明治の前半においては儒学的教養が最も浸透していた時期であり、知識人の目にも、又人々の目にも、西洋の価値が儒学の持つ最も基本的な価値であるところの「仁」とか「公」と、相容れるものであるととらえられていたのである。江戸時代を通し、儒学的教養であるところの「仁」（万物への愛）は最高の徳となっていたのである。そしてこうした儒学的教養が決して武士（為政者）たちのものだけではなかったところに日本の大きな特徴があるのであって、それらは石門心学の普及にもみられるものである。彼らのほとんどは町人であったが、飢餓などに際しては、組織的な施行を行なうなど、よるべない人々を憐れむことは道徳的責務（仁）でもあった。

丸山眞男は福沢諭吉を、儒学を否定したところ啓蒙思想家ととらえ、儒学との連続性を認めなかったのであるが、諭吉だけではなく、明治維新時の啓蒙思想家のほとんどは儒学思想との連続性を持っていた。それは儒学の内に全く同じではないけれど、西洋の近代思想を受け入れるに足る概念を有していたからであった。儒学には西洋でいう天国、即ち「来世」はない。したがって人としての最大の関心事は「来世における魂の救いである」という思想はない。それは一八世紀におけるヨーロッパの啓蒙主義者の考え方と同じであった。最も重要なのは現世であり、そこにおける人間は改良が可能であるとする啓蒙思想から、教育による啓蒙と、政治とによる社会改良が可能であるとされたのであるが、それは儒学者にとっても理想のものであった。

儒学においては現世中心であり、人間は修養（学問・教育）によって改良が可能なのであって[8]、そうした人々による統治（政治）こそが世の中を改良し、理想の社会を実現し得るとしているのである。それゆえに教育は最も重要なものであり、実学が重んじられるとともに、そうした卓越した人々による統治が望まれたのであった。それが「修己治人」であり、本来的な意味における「科挙の制」であった。

諭吉は『西洋事情』において「文明の政治」とは「国法寛にして人を束縛せず、人々自ら其所好を為し、士を好むものは士となり、農を好むものは農となり、……字を知り理を弁じ心を労するものを君子として之を重んじ……」[9]と述べているが、それは『学問のすゝめ』においても「人間普通日用に近き実学」に卓れた人こそが「貴人」又は「富人」となるとしているのである[10]。これらは諭吉のみならず漢学的（儒学的）教養を持った知識人が永年望んできたものであった。

諭吉は『西洋事情外編』において civilisation を「世の文明開化」と訳しており、『西洋事情』初編においてはアメリカの「純粋の共和政治」を「毫も私なき」[11]ものとしているのであるが、これらも儒学的価値基準によるものといえる。それは儒学の「仁」や「公」は西洋の社会や政治を受け入れやすく、それらに対して共感と尊敬の念を持つとともに、「公論」を求めていくようになったのである。

朱子学における「理」は「公」(公共、公平、公明)としてとらえられており、万人が共有すべきものであった。したがって人はたえず「公」であるべく自らを修め(修身し)なければならないのである。それゆえ政治とは、民のために「公」、即ち「理」を実現させるべきものであり、「修身」の後の「治国」であり、それによって「平天下」となるというものであった。[12]「公」とは万人の共存を可能にするものであるというところから、西洋の議会制度や共和制を理解し得たといえる。

こうしたことから、儒学者又は漢学的教養人の多くは議会制や共和制への理解を深めていったのであるが、儒学者の古賀侗庵はこれらをさして「……之を堯舜に比ぶるも、多く譲らず」[13]と述べている。こうしたとらえ方が横井小楠の『国是三論』[14]となり、それが「五箇条の御誓文」のもとともなったといえる。儒学が求めてきた理想は「広ク会議ヲ興シ、万機公論ニ決スベシ」以下のものとして示され、政治の模範となったともいえる。明治政府は儒学的教養をもととした幕末の下級武士達を中心に、非常に合理的な考えをその基底に持ちつつ、非近代的なるものを排除していったのである。このように日本の儒学は西洋の「近代」を導入することを容易にしたのであるが、それは日本的に受容され、江戸時代に発展していったところの日本的儒学の特質だともいえる。

儒学の求めた「仁」又は「公」は「五箇条の御誓文」においては「万機公論ニ決シ」、「上下心ヲ一ニシテ、盛ニ経綸ヲ行ナイ」、「各其志ヲ遂ゲ、人心ヲして倦マザラシメナイ」という文言に結実していった。そして日本における儒学的なものの蓄積は、上から下（武士階級から農民、町民に）まで浸透していたことが明治維新の近代化及びそのための諸改革をたすけ、諭吉の『学問のすゝめ』を強く受け入れさせる基となったといえると同時に、それらを万人の務めとして受け入れることを可能にしたともいえるのである。それは「学制被仰出書」にあるところの「必ズ邑ニ不学ノ戸ナク家ニ不学ノ人ナカラシメン事」を可能とするとともに、他の東アジアの国々よりも近代化をいち早く進ませたもとともなったといえる。

こうした日本の近代化過程は、儒学的西洋化の過程であったともいえるのであるが、それゆえに儒学的な諸理念はここにおいて西洋思想の中に吸収されていき、儒学的なるものは独自の体系としての生命力を失っていったともいえる。しかし又それらは西洋化の中でも生活、習慣としては生き残り、社会や経済システムの中に脈々と息づいてきたともいえる。明治期の「和魂洋才」とは、日本的なる儒学をして「和」といっているものであり、それは西洋の中に「和」、即ち儒学の精神を見たものであって、当然その精神的な支柱には儒学的なるものが横たわっていた。それをして前近代的（丸山眞男）というならば、それはまさにその通りであるといえるのであるが、それは中国の儒学とも、洋才のキリスト教的精神とも異なる「魂」として、戦後まで生き続けてきた。戦後は形の上でこそこれまでの和魂（即ち日本的儒学精神）を否定されたところの「無魂」（キリスト教的精神の入らない）として、民主主義を移植されたのであるが、その根底にはやはり儒学的精神が顕在化しない形（意識下）で存在し、社会・経済システムに作用していたといえる。

しかし今日、それらはグローバル・スタンダードという西洋の魂を必要とされるところの世界基準の中にくみ込まれようとしている。ここでは戦後の「無魂」は通らず、精神的な面、即ち魂においても西洋化が要求されているのである。それは、これまで無意識のうちに持ちつづけてきた「儒学的精神」の否定であり、「無魂」から「洋魂」への魂の移行の要請でもあった。

戦後日本人は宗教を意識することなく、習俗・習慣の中で無意識的に儒学的精神を含んだところの経済・社会システムをつくり上げてきた。それは社会学者ジンメルが、一般には宗教とは呼ばれていないもののうちにも、宗教に等しい、または似た要素を多分に持っている場合があるとして、そのままでは宗教とはいえないとしても、それらをもって宗教的であるといっていい場合がある、としているのと等しいものである。ジンメルは特に社会的なことには、そういった宗教的色彩をおびたものがあるとして、組織された「宗教」は認められなくとも、何らかの意味で宗教的な生活と認め得るものがあることを指摘しているのである。これはまさに宗教を認識（意識）することのない日本人の宗教的な生活と一致した見方であるといえる。

日本においてはすでに古代の『日本書紀』において極めて儒学又は陰陽五行の中国思想を受けているとされる[15]が、ここからみても、神道及び儒学的精神は永い間血脈として受けつがれてきたものであるといえる。本来「儒教」にはキリスト教他の一神教とは異なり聖職者もいないし、宗派も、信徒が信奉すべき教義もない。又教会で定期的に礼拝をすることも、神との個人的な関係もない。又神の啓示も経典（聖典）もない。即ち、組織された教団がないのである。さらに日本では儒学として思想・哲学としてその精神を受け継ぎ、血肉となってしまっていたために、儒学的精神を培ってきた日本人にとっては、あえて宗教といえるような、心を満たすべき宗教は必要ではなかったのである。

今日は、そうした日本人の精神を支えてきたところの柱が否定され、又は欠けてきたために、多くの経済的・社会的な問題が生じてきているといえる。日本人には宗教がないといわれるが、儒学的精神構造を持ってきた日本人にとっては、いわゆる宗教的なるものは必要なかったともいえるのである。それだけにこれまで意識下で培われてきたところの精神的支柱が喪失した場合には、精神構造そのものが根底から破壊され、経済的・社会的混乱を招くことになるのではないだろうか。グローバル・スタンダードという精神は、「洋魂洋才」を求めるものであって、そこにはキリスト教の精神が大きく横たわっているのである。これらを充分に理解し、血肉としないかぎりにおいては、この混乱は治まることがないであろう。

(3) 戦後の民主化と儒学的精神の継承

これまでみてきた日本の近代化過程とそこにおける儒学との関係は、その後日本の社会原理として定着し、戦前、戦後を通して「日本的」なるものとして、即ち、西洋の「近代」という概念からするならば非近代的なものとして、経済政策や企業経営の上に「特殊性」とともに「普遍性」を持って貫かれていった。特に戦後においては日本の非軍事化及び民主化が連合国（特にアメリカ）の強制によってなされたために、封建的遺物とされた制度や法律はことごとく廃止されていった。しかし、それらは制度的な「民主化」の為のものであって、社会構造又は社会原理そのものを否定するものではなかった。従って「民主的」な制度下においても、国民の価値観上の意識そのものには大きな変化はなかったといえる。いかに強力な占領政策や農地改革が行われたとしても、一国の経済社会システムを根底から覆すことは不可能であったといえる。

それは、戦後の経済システムは戦時期のシステムが基本的には引き継がれているといわれていることからもうかがえる。[16] 又、「日本の戦時経済は、基本的には計画経済として運営され、そのために必要と考えられた大胆な制度改革が、戦時期という特殊な状況下で政府に与えられた強権を背景に、さまざまな側面で実施された」[17]というように、太平洋戦争という「現実」及び「状況」の下では計画経済的なシステムさえとり得たということであった。そして又、それに向けて相互に補完的な制度改革がなされていったということは、論理的整合性や思想的な一貫性を持たない日本の社会原理であるところの、状況主義的、現実主義的な、アド・ホックに行われた政策だったともいえる。それが戦後の経済復興や高度成長時においても、さまざまな政策、施策の上に行われていったのである。

その意味においては明治の近代化以降の儒学的（神道を含んだところの目的合理主義的な）精神は、日本文化の根幹においては崩壊することなく、経済政策の内に継承されていくことになった。そして、日本的儒学の持つ「忠」への傾倒は、儒学の「孝」よりくるところの家族共同体的なものを、「家業」に精を出すことが先祖への「孝」につながるという解釈となり、仕える「家」への「忠」となっていき、擬似親族型態をとるところの「イエ」となっていった。それらは又「職域奉公」としての「日本的経営」につながっていった。

このように、戦後においても日本人の価値観は「日本的」であり、それは意識下における儒学的精神を体現したものであった。従って戦後復興における諸改革、諸制度への改革もこうした日本的な価値観の下でなされたものであった。それゆえ明治維新時のように、大きな制度的、体制的変革があったにもかかわらず、農地改革も財閥解体も、そして又労働改革や教育改革も、日本的に変容されつつ、儒学的精神土壌の中に吸収されていったといえる。即ち戦後の民主主義的経済社会システムの導入は、日本人の価値観の基底にある儒学的精神によって「日本的」に解釈したがゆえに、かえってそれは日本人の活力やエネルギーを発揮させるシステムになったといえる。

『論語』の季氏第十六には『『国を有ち家を有つ者は、寡なきを患えずして均しからざるを患う。貧しきを患えずして、安からざるを患う』蓋し均しければ貧しきこと無し」とあり、均霑主義（平等分配）の思想が示されている。それは邑の論理であるといえると同時に、日本人の価値観を形成している「平等原理」でもあるといえる。そうした邑の論理、家の論理（日本的には「イエ」の論理）が戦後の諸改革に対して日本的な解釈を与え、戦後の経済体制、経済政策に普遍性とともに日本的な特殊性を与えることになった。

戦後は「イエ」という思想の表層は変貌したけれども、人々の行動の基本的パターンは変わることなく、「イエ型原則」として存続していったのである。これが戦後の「官民協調システム」となり、「機能的なイエ型企業体（日本的経営）」として受けつがれていったといえる。

西洋においては家族、村落という血縁・地縁的な共同体は資本主義の発展とともに崩壊していき、その過程から近代社会が生成してきた。しかし、日本の近代化はキリスト教によらない、儒学の日本的解釈から、中国の孝によるものとも違う、擬似親族型態としての日本的共同体をつくりあげ、そうした社会原理が戦後においても制度的な近代化を日本的に再構築していったといえるのである。このような日本的共同体志向が最も強く現れたのが日本的経営と産業政策であるといえる。それはアメリカの商務省編で出された『政府と産業界の関係』に「日本経済の特質である政府と企業の相互作用」[18]「一般的に合意された目標に向かって行動する一種の仲間同士的な提携関係」[19]と述べられていることにもあらわれている。

しかし、こうした「相互作用」又は「関係」は明治の近代化プロセスにおいても、戦後まもなくの経済安定本部の設置及びその後の傾斜生産方式においても見ることができる。そして一九五〇年代後半の高度経済成長時において、こうした関係を強力に促進したものが産業政策であった。ここでは国際的な枠組みの中における日本の輸出競争力の強化という立場から、「戦略産業」又は「基礎産業」を育成し、「衰退産業」からは巨大資本を転換させようとしたのである。こうした特定産業の育成政策は、明治の近代化過程においても殖産興業政策として官営工場を造っていったように、その状況に合わせて現実的な対応をするところの、日本的儒学の持つ経験、又は目的合理主義的な対応と同じであった。そしてそこには政府という「親」と、国民という「子」との関係にもとづく、国家レベルでの「イエ」意識があったといえる。

戦後におけるこうした政策は、一九五二年の企業合理化促進法にもみられるが、そこには鉄鋼・石油化学・石炭・機械・自動車他の二四業種を対象に、研究技術への補助金の交付や研究用設備に対する税の減免、原単位の改善指導他がもりこまれていた。さらに五〇年代の後半からは各種審議会の答申にもとづいた個別事業法とか、省令などの形で明確化されていった。そこでは育成政策や助成・保護政策がとられ、六〇年代には資本の自由化という圧力の下、国際競争力のさらなる強化が求められるようになったため、所得倍増計画や産業構造調査会の基本答申による産業構造の「高度化」が推進されていった。

この後も八〇年代までこうした方法は続くのであるが、高度経済成長期においては特に経済計画の役割は大きかった。五五年に策定された経済自立五カ年計画からの長期経済計画は、誘導的目標値を明示的に示すことによって民間部門、特に大企業を一定の方向に導くことになった。そして企業の経営戦略、又は計画と、国家の経済計画又は政策との関係を通して目的が達成されていったのである。それを実現させるものとして産業政策が存在し、政府資金供給や国庫補助金制度、租税特別措置等による税の減免がなされたり、公共事業又は投資や、各種の許認可権、行政指導等が行われたのであった。

審議会や行政指導もきわめて日本的なものと言われており、長期経済計画の策定作業を行うところの経済審議会は五二年に設置され、産業政策のビジョンを決定する産業構造審議会は六四年に設置されたのであるが、ここには産業界・金融界・官僚出身者がそれぞれの代表として参加したのである。こうした審議会は、ほとんどの産業の代表者や金融の代表者、それに官僚とが加わったことにより、さまざまな情報の提供と合意とが作りあげられる場となった。都留重人は一九七七年に『エコノミスト』誌上で、「五年ごとにいわゆる『合理化投資計画』が立てられ、能力拡大投資の全体の目標額は官僚と業界代表との調整的話し合いを通じて競争企業の間におおむね円滑に配分された[20]」と述べている。

これらはまさに日本的な官民協調方式であるといえる。必然化された国際競争力の強化、即ち輸出主導型産業の育成を第一とした重化学工業化とそのための産業部門間の資本移動という、目的的又は状況的・現実的な政策決定であった。それと審議会という場で自発的集団的な討議を引き出しつつ、合意を形成しながら、出来るかぎり平等な型で、満場一致の下で意志決定をしようとする方法は、儒学的共同体の論理、ムラ社会における「寄合」とも通じるものがあった。それは官、民というイエの論理と、審議会内におけるムラの論理とをもったところの、日本的な共同体的論理であったともいえる。そしてそこには「関係」と「平等」そして「和」という儒学的な論理が貫徹されていた。

2、日本的経済計画とその役割

(1) 経済政策と日本的意思決定

日本の政治決定（意思決定）は官僚がその中心的役割をはたしてきたと言われる。特に戦後の経済成長期においては官僚が主導的役割を担ってきたというが、それはある意味、日本的な合理主義に基づいてなされたものだともいえる。又、審議会をとおしての各代表との幅広い情報交換および意見交換、利害調整等をとおして決定されるという合議制も日本的合意、又は意思決定の方法だともいえる。そして又、国民がそこに日本的合理主義を感じているかぎり、それらは国民的合意として受けとることもできるであろう。

敗戦直後、諸外国[21]が一つの理論又は原理にもとづいて経済政策を遂行していったのに対して、日本の政府は再建に対する具体的方策を何ら持っていなかった。しかし戦争末期より、戦後の再建問題に関する勉強会が開かれていたために、第一回の会議が敗戦の翌日の、八月一六日に行われた。多くの学者（近代経済学者、マルクス経済学者、講座派・労農派）が参加して和気あいあいと、且つ自由活発な討論がなされていった。外務省調査局は特別調査委員会を設け、各界の専門家に「日本経済再建の基本問題」の検討を委嘱し、ここでは四五年八月より、翌年の三月までに四〇回会議が行われ、報告書がまとめられた。

こうして当時の欧米諸国においては考えられないような、学派を超えた経済再建のための検討がスピーディーに行われたのであった。こうした、明確な方向性、理論を持たずに、目的、状況に合わせて最も適切な処置、政策を考えるという方法は、この当時より、日本の政策決定の方法として特徴を持つものであった。そして、これ以降、政策の方向づけを持ち、それに対して政府が指導し、リーダーシップをとりつつ、引っ張っていくという経済政策・産業政策の方向性ができてきたのである。

こうして日本経済の再建という合意の下、そのための方針が固められていった。それを遂行するには、国民に政府を信頼してもらわなくてはならず、政府の政策を信頼することなしには、官民一致した再建も発展もありえなかった。そこでこれ以降、市場経済の下で、経済計画を示すとともに、その方向性とビジョンとを国民（民間）に与えるという方法がとられるようになった。

(2) 経済計画における政策目標の変遷と基本理念

このように、日本の経済計画は、政府が長期的にどのような方向に経済をもっていこうとしているのかを示すものであり、それを示すことによって産業自身が経営方針をたてやすくしたものであった。それは六〇年代までの経済計画の目的をみても、その時代に応じた方向性をアド・ホックに提示したものであることがわかる。

一九五五年に出された「経済自立五ヵ年計画」においては経済の自立と完全雇用がその目的であったが、一九五七年に出された「新長期経済計画」においては極大成長、生活水準の向上、完全雇用等が目的となり、以下一九六五年の「中期経済計画」ではひずみの是正が、一九六七年の「経済社会発展計画」においては均衡がとれた充実した経済社会への発展が、そして一九七〇年の「経済社会発展計画」では均衡がとれた経済発展を通した住みよい日本の建設がその目的であった。

こうした政府によるガイドラインは、あくまでもガイドラインとして、その時の状況に応じ、常に変化するものであり、柔軟に対応されるものであった。それは、これらの計画は「長期」とはいえ、その前の計画の進展状況と新たに生じた経済状況とを見据えた上で、現実的に次の計画へと修正され、受け継がれていくものだったからである。これらの経済計画は総理大臣が計画の目標について経済審議会に諮問し、審議会がさまざまな分野(学会、産業界、労働界、官僚OB、その他)からの委員のもとに審議し、その計画案が内閣に提示され、閣議で決定されるというものであった。ここではほとんど修正されることはなく、決定されているのである。これは日本的な計画策定プロセスの特徴をよく示しているというものであった。政府はたんに目標を示すだけであり、それは審議会に委ねられているのであった。政府はその決定を受け入れ、国民に提示するというものである。したがってこれは審議会という場をとることによって、国民的コンセンサスを得たものとなり、国民に受け入れられることとなった。

このような経済計画又は産業政策における日本的な意思決定プロセスは審議会という日本的コンセンサス方式を通り、合意をつくり出していった。審議会では各委員による議論が行われ、計画案をつくるとともに、経済企画庁が各省庁間の意見を調整していった。経済企画庁は各省庁に計画案を示しつつ、それに対するコメントを集め、それらに対し合意の形成に向けて交渉を続けていった。議論を重ねつつ全省庁の同意をとりつけたため、政府に出された時にはもう審議をする必要はないというものであり、この段階では形式的に決定されるだけであった。

それまでに各省庁はそれぞれの担っている社会的分野での代表者として、その利益を代表して活動をしており、審議会委員も又それぞれの代表として、それぞれの利益に基づいた発言をしつつ、計画策定に加わっているために、これらの経済計画は策定過程においてすでに各利益代表者の目を充分にくぐってきているのであった。したがってこうした交渉の末に決定された計画に対しては反対意見がでず、その決定に従うこととなる。そして、そこに参加した各省庁も、各利益グループの代表者も、それに従うという結果をもたらした。そしてそれに参画したものはその関係団体に対しても、それに従わせる義務を負った。

このようなプロセスをふんで決定された経済計画は、決定プロセスにおいて政府と民間各層との意見が反映されることとなり、すでにそこにおいて情報を充分に持っているために、この段階において相当程度の民間との合意と協力とを得る基礎が出来上がっていた。それが展望（ビジョン）として最終的に民間に示されたため、その時にはもう合意が成り立っており、政府と民間との協力関係が出来上がっていたというものであった。

こうした各層、各部門間の「根回し」ともいえる濾過装置を経て出てきた政策に対しては、政府（内閣）においても反対は生じず、民間においてもそれを信頼し、その展望の下に経済活動の目標を定めていこうとするようになる。日本的な合意形成の方法は結果的に民間に対しては長期的な政策を示すことができ、そのための経済政策、産業政策等を提示することとなった。そして民間は安定的な長期的展望を持つことが出来たために、安心して投資活動を行うことができたといえる。

このような日本的意思決定方法（コンセンサス方式）と、それらをもとにして行われてきた経済政策・産業政策は欧米からみると非常に特徴あるものとされた。事実、イギリス、アメリカでなされてきた経済計画又は政策は日本と比べ論理的整合性を求めたために、時として、時代、又はその時の状況とかけはなれることがあった。それは政権等の変化が大きく、それによって政策が変わるということにもよるが、非常に短期的な視点からのものが多く、その都度政策スタンスが変わっていった。

そうした政策の下では将来にわたっての経済政策を遂行することが不可能となり、それを知っている民間は、その政策をそれほど信頼しなかったため、その方向に向かっての安心した投資活動を行うことが出来なくなってしまった。その最も典型的なものがイギリスの六〇年代におけるストップ・アンド・ゴー政策[22]であるが、アメリカにおける戦後の経済政策[23]もそうした傾向の強いものであった。

これに対して日本の経済政策・産業政策は論理性を持たず、アド・ホックに決定されたものではあったが、多くの政治情勢その他の激動にもかかわらず、一貫性と長期的展望をもって確実な実践が示されてきた。これは、日本の経済政策が政治家の手によってなされるよりも、官僚によってつくられていく面が多いということともつながっている。それは、官僚たちは自らの「信条」とは関係なく、経済体制の大きな枠組みさえ決まっていれば、目の前にある状況および現実の下で、それらをいかに解決し、克服していくかに目的をしぼり、その中で最善の方向、政策を求めていこうとしたからであった。それが敗戦後における「経済復興」政策であり、その後の厳しい国際競争の下での「産業合理化」政策であった。

こうした現実主義のもと、政治的激動にも左右されない、一貫した政策が戦後の経済の拡大再生産を可能にしたといえる。官僚を中心として策定された限定的な（ある状況下での）合理性と整合性とをもった効果的政策手段が、短期間に策定されるということは、戦後の激しい国際状況・国際経済の変化、および産業間の相互依存関係が深くなっていた時代においては大変重要なことであった。

さらにこれらの上に、政策決定における国民的コンセンサスがあったとしたら、それによる正当性とともに実効性が生じてくることとなる。しかし、官僚たちが「信条」を持たずに、その時々のおかれた状況に合わせて現実主義的、目的合理主義的な行動および政策決定をしてきたことは、プラスの側面とともにマイナスの側面を大きく持つことになる。それは、官僚だけの特性なのではなく、日本社会全体の持つ特性であるともいえる。

(3)　日本社会の特性と官僚制

日本の社会における最も大きな特徴は、自分自身の個を持たず、自分に根を持った発言および行動をとり得ないということである。それは価値観の中心に善悪を決定する基準を持っていないということでもある。西欧においてはこの基準となるものは宗教・キリスト教であり、神というものの絶対の下、正義（神と人間とのあるべき正しい関係のみを正義という）および善悪の価値判断をし、それを通して倫理観を形づくっていった。

しかし、そうした意味での宗教を有していない日本社会においては、人の行動を律する倫理的な基準を持ちにくい。かってそれは儒学においてその役がになわされてきたが、キリスト教における神と人間との間の「かくあるべき＝正義」と唯一対置されるところの儒学の「かくあるべき」という価値観、倫理観が消失した後は、核となるものを持ち得ない社会となっていった。それは日本が儒学を受容[24]する以前から持ちつづけてきた神道および、日本的に変様してきた仏教による価値観[25]にもとづく社会だといえる。

これらの宗教は本来的にはやさしい宗教であり、唯一絶対者を持たないために、自然崇拝（神道）における天道（太陽）との関係においても強烈な倫理観や価値観は生じず、あいまいなものとなってくる。又仏教においても相対的な価値判断（一方の善・悪を求めず、それらは二つの局面にすぎない）をその中心においているためにやはり絶対的な価値観は生じず、あいまいなものとなってくる。

したがって日本における倫理観は自らの中に存在する核心（根）より生じてきたものではなく、周囲（まわり・世間）との関係において、良いか、悪いかなのであり、それに従って自らの価値観を形成し、行動を律することとなる。それは他者の目を通した価値判断の形成であるといえる。又、仏教においては「中道」を、神道においては「等距離性」を求めている。ここに日本文化の意思決定の方法としての合議制（村における寄合）があり、戦後においては審議会方式につながっていったといえる。

官僚自らも、政治家自らも意思決定をすることなく、国民的合意を得られる方式として定着したこの方法は、それゆえに国民から大きな反対意見が出ることなく、協力をとりつけることができたといえる。そして又、そこにおいてなされる日本的ともいえる状況主義的、現実主義的判断が、論理的整合性よりも時に応じたアド・ホックな政策を次々に打ち出すことを可能とし、戦後まもなくの経済復興政策から、高度成長政策およびそれ以降、グローバリゼーションの波が押し寄せるまで日本の経済政策を律してきたといえる。

明治維新の折には、国民的コンセンサスを得た最大のテーマは「近代化」であった。それが大義となっていたために、それを前提としてなされた政策には「日本的」な現実主義的価値観から正当性を与えられることとなった。それが戦後には「民主化」となり、それを前提として、諸々の迫りくる緊急問題に対応していこうとしたのであった。それ故これらに対しても正当性が与えられるとともに、それが決定されるプロセスにおいても、「日本的」な意思決定の方法によってなされたために、民間においても協力的態度をもって臨むという日本的な官民協調関係が生まれてきた。

結果的に日本の経済政策が戦後の日本経済を成長の方向へと向け、官民協調的な政策運営ができたのには、そうした「日本的」な意思決定の方法にその一因を見ることが出来る。しかし、このような官僚合理主義的価値観および日本的デモクラシーは、その根底に倫理観を伴っている場合においてはプラスの要因として作用するのであるが、それらを喪失した時には、大きな欠陥となって立ちはだかってくることとなる。

戦後各国は自らの文化と歴史とに裏付けられた経済体制の選択を行った。イギリスは国有化政策を行うことによって「市場の失敗」をとりのぞき、完全雇用を達成しようとし、五〇年代、六〇年代にはケインズ主義による総需要管理政策が強く導入された。西ドイツにおいてはオルドー学派の求めた社会的市場経済により自由主義経済のメカニズムが最大限に導入された。それは市場原理をもとに、経済秩序を整え、徹底的な自由競争を行わせようとしたものであった。

フランスにおいては「国有化」と「計画化」がとられたが、これはフランスが市場主義＝自由放任であるとして、市場原理への基本的な拒否の態度をとっていたからであった。それは重商主義以来、国家主導型で経済の保護・育成や管理を行ってきたこととも通じるものであった。一方、日本においては成長主義と官民協調体制のもとで国民経済の復興と成長への方法および順序が求められたが、これは現実的、融和的な戦略的プラグマティズムともいえる政策であった。

西欧においてはそれぞれの国の政策は違っていても、その根本においてはキリスト教の精神及び価値観がよこたわっており、唯一絶対の精神の下で論理的整合性を求めていこうとしたものであった。これに対して日本の政策は理論を必要としない、アド・ホックな政策であり、理論上あわない政策も多く遂行されるとともに、それらは審議会方式、コンセンサス方式によって決定されていった。

こうした日本の特徴はその根本に神道、仏教、儒学（儒教）という三教を融合させたところの独自の政策理論がはたらいていた。それは日本の社会構造の原理に横たわっているところの、神道に示されている日本型デモクラシーと、儒学よりくるところの現実的、状況主義的価値観及び目的・経験合理主義と、仏教よりくる中道概念などを融合させたものであった。

それぞれの社会には特定の社会の結合スタイルがあり、それは家族という基礎的な最小の単位から、企業や官庁等の社会的な結合までを貫いて、社会における組織原理を作りあげている。そしてそれは家庭において親から子へと再生産されているために、それぞれの社会に固有の社会的な結合の仕方や原理はたやすく変化するものではなく、深層心理の部分においてはなおさら変化しにくいものである。

しかし今日、我々はグローバリズムの波の下、これまでの価値観を自ら否定せざるを得ない状況におかれると同時に、その後にくるべき精神上の柱を失ったまま、背骨のない、即ち価値観の混迷状態のまま、経済的にも社会的にも確固たる指針を持つことが出来ず、自らのアイデンティティーを喪失し続けている。そして経済的停滞とともに、社会的不安や、安心感のなさに苛立ちをつのらせている。それは今日の日本が、グローバリズムの下、キリスト教的な精神を基にした「洋魂」を必要とされているにもかかわらず、それにはなれないまま、これまでの日本人の深層心理に横たわってきたところの儒学的精神を破壊され続けているために、新しい精神を見つけられずに混迷の度を深めているからだといえる。

こうした中、アメリカと同様に、日本においても他人との緊密な関係を結びたがる人々が多くなっているという。「人恋しさ」あるいは「絆」を求めているという。それは人として当然のことであろう。なぜならば人は、己だけでは存立し得ないし、理性だけでは生きてはいけないから。即ち、人は、一面だけでは自己実現できない存在だからである。それゆえ、近代合理主義以降の人間に対する概念、社会に対する概念を再検討すると同時に、日本社会が培ってきたところの儒学思想を見つめ直し、即ち日本の経済社会システムの持つプラスとマイナスを再考することは、新たなる日本のビジョンを構築する上での助けとなるのではないだろうか。

註

(1) A.Smith, "The Theory of Moral Sentiments" 水田洋訳『道徳感情論』筑摩書房、一九七三年。
(2)『中国の古典』第二巻、角川書店、一九八七年、三八七頁、「それ恕か、己の欲せざる所は、人に施す勿れ」
(3) 前掲書、三二五頁、「吾が党の直き者は、是に異なり。父は子の為に隠し、子は父の為に隠す」
(4) 丸山眞男『日本政治思想史研究』東京大学出版会、一九七二年、三〜六頁。
(5)「国是三論」『日本思想大系』55、岩波書店、一九七五年、四四九頁。

(6)『明治思想における伝統と近代』東京大学出版会、一九九六年。
(7)『明六雑誌』第四三号　七丁、一八七五年、(復刻版『明六雑誌』自第三一号至第四三号、立体社、一九七八年第四三号・尊皇攘夷説　七丁)
(8)『論語』「中国の古典」第二巻、角川書店、一九八七年、四一七頁、「性相近し。習い相遠し」
(9)『福沢諭吉全集』第一巻、岩波書店、一九五八年、二九〇～二九一頁。
(10)『福沢諭吉全集』第三巻、岩波書店、一九五九年、三〇頁。
(11)『福沢諭吉』中央公論社、一九八一年、三五七頁。
(12)『大学』「中国古典選」第四巻、四〇頁。
(13)前田勉『近世日本の儒学と兵学』ぺりかん社、一九九六年、四〇四頁。
(14)「国是三論」『日本思想大系』55、岩波書店、一九七一年、四四一頁。「まず一国上の経綸如何せば可ならんや」として、これからのあるべき道を求めた。
(15)原田敏明『宗教と社会』東海大学出版会、一九七四年。
(16)中村隆英編著『「計画化」と「民主化」』岩波書店、一九八九年、三三六～三三七頁。
(17)岡崎哲二『日本の工業化と鉄鋼産業』東京大学出版会、一九九三年。
(18)大原・吉田豊明訳『株式会社・日本』サイマル出版会、一九七二年、一八頁。
(19)前掲書、二九頁。
(20)都留重人『エコノミスト』「日本経済の奇跡は終わった」一九七七年五月三・一〇号、一四五頁。
(21)たとえばイギリスにおいては産業国有化が、フランスにおいては経済計画が、ドイツにおいては社会的市場経済などが、それぞれの国のもつ理念の下遂行されていった。アメリカにおいても雇用の拡大を最大の政策理念において、雇用法にもとづいた経済政策がなされていった。

(22) イギリスにおいては戦後完全雇用政策がその一番の中心となったが、失業率を抑えるための拡張的な政策はたえず国際収支の制約とぶつかることとなり、景気の拡張政策、ゴー政策と景気が良くなり始めるとすぐにおさえるというストップ政策とが繰り返しとられることとなった。このため長期的な展望の下、投資活動を行うことが出来なくなり、投資不足が景気の足を引っ張ることとなった。

(23) アメリカでは、戦後まもなく雇用法がつくられ、その法律のもとに、行政府内に大統領経済諮問委員会がもうけられた。委員会は三人の委員よりなり、そのうちの一人が委員長として大統領に任命され、ここで「大統領経済報告」が起草されて上下両院合同委員会において審議される。諮問委員会はその他経済政策などについても大統領へ勧告することになっているが、日本のような多くの立場の者による独立した審議方法とはなっていない。

(24) 聖徳太子は儒教を治国（国を治める上での「あるべき姿」を求めるため）の手段として受容し、十七条憲法において律令制度上の秩序原理としてその中に入れた。

(25) 二宮尊徳が「神道は開国の道なり、儒学は治国の道なり、仏教は治心の道なり」ということばにつづけて「この三道の正味のみを取れり。正味とは人界に切用なるを言う」とのべているように、目的合理主義的、戦略的プラグマティズムを有する社会原理を形づくっていった。（『二宮翁夜話』「二宮尊徳全集」吉地昌一、福村書店、一九五六年）

おわりに

東日本大震災が起こってからまもなく一年がたつ。あの日、天が裂け、地がうなった。地中から波打つ大地は、今にもマグマを吹き出さんばかりであった。それは天地のうめきのようにもみえた。

これまで私達は、都合のいいように自然を「いじって」きた。物言わない地球は、それを受け入れざるを得なかった。鎮まっていたかのようにみえた時、私達は地球に耳を傾けてきただろうか。自然に畏れを感じてきただろうか。大地震の後には必ず大津波がくるという先人達の知恵を、謙虚に受けとめてきただろうか。

美しかった福島。春には桜は咲くけれど、夏にはかぎりなく青く澄んだ海原が広がるけれど、そして秋には、太陽に照り返る大きな柿の実がたわわに実るけれど、花の先からも、海底からも、真っ赤な柿の実からも、あやしい光が放たれている。

震災後、日本人のこころが変わったという。あまりにもおごっていたことへの反省かもしれない。つながりを大切にし、感謝の気持ちを持つようになったという。私達は昔から「おかげさまで」と言い、あらゆるものへの感謝の気持ちを持ってきた。人は一人だけでは生きられないし、人間とは「人と人との間」に存在するものであった。「関係」の概念はそこから生まれてきた。仏教も神道も、儒学も、人間だけではなく、自然とのつながりも強く求めてきた。

私達は今、これまで培ってきたものの、あまりに多くのものを捨て去ってしまったことに気付かされている。「再考」にはそのような意味が込められている。

二〇一二年二月　春まだ遠き　いわきにて

谷口典子

著者略歴

谷口　典子（たにぐち・のりこ）

1943年生まれ

早稲田大学文学部卒業

早稲田大学経済学研究科特別研修生修了

東京大学大学院人文社会系研究科私学研修員

経済学博士

専攻：比較宗教社会学、産業政策・産業組織論

現在：東日本国際大学教授、儒学文化研究所所長

著書：『東アジアの経済と文化』（単著）成文堂

『異文化社会の理解と検証』（単著）時潮社

『福沢諭吉の原風景
――父と母・儒学と中津』（単著）時潮社

『歴史としての近代』（共著）八千代出版

『知性の社会と経済』（共著）時潮社

『ダムに沈んだ村・刀利
―消えた千年の村の生活と真宗文化』（編）時潮社

他

基層心理からの比較と再考

日本の経済社会システムと儒学

2012年３月15日　第１版第１刷　定　価＝3200円＋税

著　　者　谷　口　典　子　©

発 行 人　相　良　景　行

発 行 所　㈲　時　潮　社

174-0063 東京都板橋区前野町４－62－15

電 話（03）5915－9046

FAX（03）5970－4030

郵便振替　00190－7－741179　時潮社

URL http://www.jichosha.jp

E-mail kikaku@jichosha.jp

印刷・相良整版印刷　製本・仲佐製本

乱丁本・落丁本はお取り替えします。

ISBN978-4-7888-0671-9